MI MINI-MANUAL DE IDENTIDAD EN CRISTO

E. A. Montoya

NYC Harvest Publishers

**Mi Mini-Manual
de Identidad en Cristo**

Copyright © 2014 por E.A. Montoya.
Todos los derechos reservados.
Derechos internacionales reservados.

ISBN: 9780988901001

Las citas bíblicas de esta publicación han sido tomadas de la Reina-Valera 1960^{TM} © Sociedades Bíblicas en América Latina, 1960. Derechos renovados 1988, Sociedades Bíblicas Unidas. Utilizado con permiso.

Ninguna parte de este libro puede ser reproducida en ninguna forma por medios mecánicos o electrónicos, incluyendo almacenaje de información y sistemas de reproducción sin permiso previo por escrito del autor.

Diseño de cubierta y formato: Iuliana Montoya-Sagaidak
Editorial: NYC Harvest Publishers

CATEGORIA: Religión / Vida Cristiana / Crecimiento Espiritual

IMPRESO EN ESTADOS UNIDOS DE AMERICA
PRINTED IN THE UNITED STATES OF AMERICA

ÍNDICE

Introducción.................................... 7

Capítulo 1: Soy Salvo....................... 15

Capítulo 2: Soy Sano........................ 24

Capítulo 3: Soy Santo....................... 33

Capítulo 4: Soy Libre........................ 42

Capítulo 5: Soy Fuerte...................... 51

Capítulo 6: Soy Inteligente................. 59

Capítulo 7: Soy Sabio....................... 68

Capítulo 8: Soy Rey.......................... 77

Capítulo 9: Soy Heredero................... 85

Capítulo 10: Soy Sacerdote................. 92

Capítulo 11: Soy Administrador............ 100

Capítulo 12: Soy Vencedor.................. 108

Conclusión y Notas Finales 118

INTRODUCCIÓN

Cuando llega usted a un país tiene que presentar su pasaporte, el documento de identidad. Ese documento dice quién es usted. Su rostro y su nombre concuerdan con lo que el agente de aduana puede comprobar físicamente. Cuando llega usted a un país en donde los acuerdos diplomáticos dicen que su pasaporte no es suficiente, requerirá un visado. El visado dice al agente de aduana que los funcionarios correspondientes del país a donde usted desea entrar le han autorizado la entrada durante un tiempo determinado; una o varias veces. Estos son documentos de identidad.

Un documento legal firmado por una autoridad competente nos da autoridad. Las escrituras de una propiedad a nuestro nombre nos dan autoridad para usar ese pedazo de tierra en algún uso permitido por la ley; podemos venderlo, podemos construir sobre él, podemos fraccionarlo, etc. Es nuestro bien. Nosotros en Cristo tenemos bienes, títulos de propiedad que están a nuestro nombre de los cuales tenemos derecho a tomar y actuar sobre ellos.

La identidad de una persona determina su comportamiento, la conciencia de la medida de sus límites. Su jurisdicción, su autoridad. Nadie podrá tomar una posición sin tener primero identidad. Su tarjeta de identidad declara que usted es ciudadano de cierto país y también sus rasgos característicos. También establece su distinción con respecto al resto de la población. Nadie tendrá autoridad sino tiene conocimiento de su identidad primero. Imaginemos a alguien que no supiera a que país pertenece. No sabe a lo que tiene derecho ni tampoco las obligaciones que conlleva. La identidad es el fundamento de una persona y su propia seguridad, su castillo fortificado en tierra firme, su ancla en el mar y su motor en marcha en el cielo. La identidad determina también si una persona es admitida o rechazada de una tierra o de algún recinto; la investidura presidencial por ejemplo, permite al presidente de la nación una libre entrada a las reuniones de todos los consejos, inclusive al consejo de guerra si es necesario, y le da derecho a enterarse del detalle de todos los movimientos militares. Toda la nación confía en su lealtad, lealtad de la que pudiere depender la seguridad de todo el país.

Toda identidad nace en la mente de una autoridad mayor quien juzga correcto revestir a alguien de ella. Esa autoridad debe ser legítima y realmente poderosa para realizar tal investidura. Por otro lado lo que somos no es tan sólo aquello de lo que estamos revestidos sino del material de que estamos hechos. Nuestra naturaleza. Un gato jamás podrá ladrar porque su naturaleza se lo impide. Un ángel no puede tener carne y sangre porque su naturaleza no es esa. Por ello podríamos decir que lo que somos no es sólo nuestra identidad sino nuestra consistencia y destino natural. De aquello en lo que consistimos, el material del que estamos hechos.

Fuente de autoridad

Ya hemos dicho que para que exista identidad se necesita haber primero una autoridad mayor que nos la otorgue y ésta debe estar *facultada* para ello. En muchas ocasiones me han hecho esta pregunta: "Yo fui bautizado en agua, ¿Debo de bautizarme de nuevo?" Mi respuesta es esta: El bautismo en agua, además de ser un testimonio público, es un revestimiento, pero para que exista un verdadero revestimiento debe de ser efectuado por una autoridad competente. Por otro lado, la autoridad competente establece requisitos y si no se cumplen esos requisitos es entendible que la investidura es falsa. Primero la autoridad competente es la palabra de Dios. La palabra de Dios establece que los ministros de Cristo bautizan a todo aquel que ha recibido la experiencia de la salvación y continúa viviendo en Cristo. Ellos han sido encomendados a bautizar mediante una formula única: en nombre del Padre, del Hijo y del Espíritu Santo. Segundo la autoridad dice que el bautismo deba efectuarse por ministros legítimos del evangelio, representantes legales de Cristo. Yo entonces, después de esta explicación, les pregunto: ¿Todo esto se cumplió en su bautismo? ¿Era salvo cuando se bautizó? Esto nos lleva a otra pregunta: ¿tomó una decisión propia y consiente de entregar su vida a Cristo? Una pregunta más: ¿fue este bautismo en el nombre del Padre del Hijo y del Espíritu Santo? ¿Fue realizado por un verdadero ministro del evangelio en el momento que se efectuó el bautismo?

No podemos determinar nuestra identidad basados únicamente en una vaguedad, en un pensamiento o en la palabra de quien no tiene autoridad. Si el vecino de enfrente dice que por su palabra los impuestos bajarán diez por ciento ¿debemos creerle? ¿Podemos tomar decisiones en base a esa palabra? Pero qué tal si nuestro vecino es el presidente o primer ministro del país. Eso es totalmente diferente, ¿no es así? Debemos tener sumo cuidado en quien lo dice.

Si Dios dice que somos algo nadie puede invalidar su palabra. La realidad no es lo que ven nuestros ojos, ni lo que escuchan nuestros oídos. Dice el Espíritu Santo de Cristo: "No juzgará según la vista de sus ojos, ni argüirá (*deducir como consecuencia natural*) por lo que oigan sus oídos; sino que juzgará con justicia..." El hijo o hija de Dios no puede escuchar voces que tratan de controlar la voz de Dios y anularla, aun tratándose de lo que escuchan sus oídos físicos.

Mucho se habla de que la fe es irracional, pero nada más racional existe sobre la tierra sino atender a la voz de la autoridad. Si por ejemplo no atendemos a la autoridad del capitán de un barco que nos dice que tiene que girarse el timón cinco grados a estribor entonces las consecuencias pueden ser desastrosas. La desobediencia a esta orden podría haber provocado el hundimiento del Titanic, aquel histórico gran barco. Aunque un cabo tiene cierta autoridad no puede contradecir a lo dicho por el general. En todo caso deberá atenderse a la voz del general primero. La voz de Dios está encima de toda autoridad en el universo. Dijo Cristo... "Todo autoridad me ha sido dada en el cielo y en la tierra, por tanto..."

Si Dios dice que somos algo, ¿Quién puede negarlo? Así cualquiera que lo niega se opone a la autoridad máxima y su palabra no puede tomarse en cuenta. Satanás dice algo, pero siempre el diablo es mentiroso y padre de toda mentira. Aún lo natural y aparentemente evidente, si contradice lo que Dios ha dicho no puede tomarse como cierto. Muchas ocasiones tendremos que tomar una decisión entre la voz de Dios y la voz de alguien más.

Nuestra Consistencia

Se puede reconocer un material debido a su consistencia. Cada material tiene sus propias características físicas. El oro tiene por ejemplo el número atómico 79, se identifica como un material precioso, blando de color amarillo y brillante. Hay personas que pueden identificar si se trata de oro genuino o de otro material simplemente al morderlo o escuchar su sonido. Sin embargo la forma más segura de probarlo es mediante el fuego: "para que sometida a prueba vuestra fe, muchos más preciosa que el oro, el cual aunque perecedero se prueba con fuego..." (1 P. 1:7). Lo que somos es nuestra consistencia. Aquellas características que nos dan identidad.

Cuando venimos al Señor, Dios ha cambiado nuestra naturaleza. Antes nuestra consistencia natural era "hijos de ira". Dice Ef. 2:3 "... éramos por naturaleza hijos de ira, lo mismo que los demás." Sin embargo al venir a Cristo, Dios cambió nuestra consistencia, nuestra naturaleza. Dice 2 P. 1:4 "... por medio de las cuales nos ha dado preciosas y grandísimas promesas, para que por ellas llegaseis a ser participantes de la naturaleza divina...". Ahora ya no tenemos la consistencia de un material que se llama "hijos de ira" (Dios estuvo airado con nosotros) pero ahora nuestra consistencia es hijos de Dios y participamos de la naturaleza divina. El cambio de nuestra consistencia es un milagro de Dios que se ha realizado cuando hemos muerto y resucitado con Cristo.

La nueva naturaleza que tenemos nos obliga naturalmente a lo divino. De la misma manera que la madera no puede conducir electricidad nosotros no podemos conducir el pecado. De la manera en que el mercurio corre a temperatura ambiente así nosotros corremos en el ambiente del Espíritu Santo. Nuestra naturaleza es buscar las cosas de arriba. "Si pues habéis resucitado con Cristo, buscad las cosas de arriba, donde está Cristo sentado a la diestra de Dios" (Col. 3:1). Esta es nuestra consistencia.

El material de que estamos hechos no es el mismo del mundo. Aunque seguimos siendo seres humanos ahora tenemos también una nueva naturaleza, la naturaleza divina. Por lo tanto se trata de una diferente consistencia. Un material como el estaño no puede cambiar nunca su composición a menos que se alíe al cobre, lo que produce el bronce. Nosotros, por nosotros mismos jamás podríamos cambiar de naturaleza, pero al unirnos a Cristo, somos hechos ahora de una naturaleza humana-divina. Fuimos descendientes de Adán, el primer hombre, ahora lo somos de Cristo (Ro. 5). La naturaleza del águila le hará volar en las alturas, y jamás podría cohabitar con las gallinas y comportarse como ellas. Nosotros ahora hechos sido creados en Cristo Jesús para hacer las buenas obras que Dios preparó anticipadamente para nosotros. Ef. 2:10 dice: "Porque somos hechura suya, creados en Cristo Jesús para buenas obras, las cuales Dios preparó de antemano para que anduviéramos en ellas."

Nuestra Peculiaridad

"Ahora, pues, si diereis oído a mi voz, y guardareis mi pacto, vosotros seréis mi especial tesoro sobre todos los pueblos; porque mía es toda la tierra." - Éxodo 19:5

La palabra hebrea traducida aquí por Reina-Valera como "especial tesoro" es *Cegullah*, lo que significa posesión o propiedad en un sentido especial, personalmente adquirida y cuidadosamente preservada. Nosotros somos en Cristo un pueblo peculiar, especial de entre todos los demás pueblos, de entre todos los demás seres humanos.

Lo que somos, nuestra identidad nos hace únicos, con especiales características otorgadas por Dios. Podemos leer un artículo de ciencia, el que habla sobre las mayores probabilidades de que los de raza negra contraigan diabetes con referencia a los de otras razas, pero en Cristo esos estudios pierden relevancia o validez, puesto que ahora nosotros tenemos características especiales que no encajan con las estadísticas y estudios humanos. Los médicos y hombres y mujeres de ciencia –y sus seguidores– hablan de probabilidades, nosotros hablamos lo que Dios dice. Porque somos un pueblo peculiar, un pueblo adquirido personalmente. Cristo mismo sin intermediarios nos ha adquirido y nos preserva con sumo cuidado.

Tenemos una distinción. Cuando el pueblo de Israel moraba en Egipto y Dios con obras portentosas les sacaría de allí, aun estando ellos en cruda esclavitud, les ordenó hacer algo que les daría distinción: Ellos tendría que matar un cordero, celebrar la pascua, y tomar de la sangre del animal muerto y untar de ella sobre los dos postes y el dintel de las casas. Al pasar el Ángel de Jehová por las calles de Egipto para entrar y matar a los primogénitos de las familias, la distinción de la sangre evitaría que el Ángel de Dios entrara para traer juicio y así pasara de largo. Nosotros ahora tenemos la distinción de la sangre de Cristo. Dice 1 P. 1:2 "elegidos según la presciencia de Dios Padre en santificación del Espíritu, para obedecer y ser rociados con la sangre de Jesucristo..."

Puede haber un millón de casos iguales entre los que no conocen a Dios, pero al llegar a nosotros el universo entero tiene que detenerse y obedecer a la distinción de Dios sobre nosotros. Tanto como si pasaren un millón de granos de arroz extendidos sobre una banda, un supervisor de calidad podrá distinguir un grano de frijol negro, así Dios hace distinción con nosotros. Aún el mismo diablo, un ser creado y enemigo de Dios, distinguirá aquellos hijos de Dios verdaderos que creen las Escrituras; y cuando ponga sus cuartadas sobre nosotros, nosotros declararemos la palabra de Dios acerca de lo que somos y él tendrá que huir. Al final de los tiempos, cuando el Hijo de Dios, tal sucedió en Egipto, traiga a juicio a todos los hombres, él distinguirá a aquellos que estamos rociados con su sangre preciosa.

Por lo tanto lo que somos, nuestra identidad, también es nuestra peculiaridad de entre los seres humanos. Dios ha querido que fuéramos distintos y nosotros habremos de comportarnos en harmonía con su voluntad.

Lo que somos y lo que hacemos

Se ha dicho que a Dios le interesa más lo que somos que lo que hacemos. Sin embargo lo que hacemos está íntimamente ligado a lo que somos. ¿Cómo podríamos distinguir un instrumento musical de otro, sino es por su sonido? Una trompeta no tendrá sonido de flauta ni una flauta tendrá sonido de guitarra. Nuestras obras son el resultado de nuestra identidad.

No siempre lo que somos corresponde a lo que hacemos, pero siempre lo que somos dará en forma natural su propio resultado en consecuencia. El ejemplo puesto por Cristo mismo es el de un árbol, "por sus frutos los conoceréis". Un cristiano debe atender a las declaraciones de Dios y ser lo que Dios ha dicho que es. Un violín podría ser utilizado como martillo, para hincar un clavo en la pared, ¿no sería esto impropio siendo que el violín está hecho para tocar hermosas piezas musicales que den gozo a quienes lo escuchan? Así también, cuando hacemos obras que concuerdan con lo que somos damos gozo al corazón de Dios.

No siempre lo que somos corresponde a lo que hacemos porque podemos hacer cosas que no concuerdan con nuestra naturaleza. Un príncipe puede tener la mentalidad de un miserable; sí, esto es posible. Roboam fue un príncipe a quien su padre no le enseñó a ser rey. Luego, cuando su padre murió y él se sentó en su trono, su corazón pusilánime le fue de estorbo para defenderse de sus enemigos (2 Cro. 13:7); ellos lo despojaron de casi todo el reino. Muchos cristianos en nuestros días tristemente viven privados de territorios que son su herencia en Cristo. Y no sólo territorios sino declaraciones positivas de Dios que son parte de su naturaleza, de su identidad, de su derecho y de su consistencia misma.

Ya sea por ignorancia o por engaño el hijo de un príncipe podría estar privado de privilegios a los que tiene derecho. Tal y como la Atalía de la Biblia se apoderó de un lugar que a ella no le correspondía por seis años, hoy el diablo logra apoderarse por años de lo que no le pertenece por derecho y reduce a los que por naturaleza tenemos dominio sobre él a sufrimientos innecesarios. Tristemente muchos no echan mano de sus facultades, prefieren vivir como si no conocieran a Dios, como si no existieran pasajes enteros de las Escrituras. Otros todavía peor, irracionalmente se niegan a guardar su dignidad y pasan por encima de los testamentos de Dios, de la voluntad del Testador, que es Cristo Jesús y terminan perdiéndolo todo.

Respecto a los ángeles que pecaron en el cielo, Judas dice que su gran error consistió en una falta de dignidad: "Y a los ángeles que no guardaron su dignidad, sino que abandonaron su propia morada, los ha guardado bajo oscuridad, en prisiones eternas, para el juicio del gran día;" (Jud. 1:6) Así nosotros jamás debemos tolerar hacer nada que no corresponde a lo que somos.

Dios quiere que este libro le ayude a descubrir y a re-descubrir quién es usted *en* Cristo. Pero cada uno de nosotros debe actuar en concordancia. Sería irrazonable que utilice un pedazo de malvavisco para soportar una máquina de ferrocarril, así también un pedazo de oro no sería razonable usarlo como pala para recoger basura. Dios quiere que seamos lo que Él dice que somos y hagamos todo en la vida con esto metido en nuestros tuétanos. Lo dice claramente en Hebreos 4:12, que la palabra de Dios penetre en nosotros hasta los tuétanos.

1 SOY SALVO

Cuando hemos entrado al reino de Dios por el arrepentimiento y la fe en Cristo Jesús Dios dice que tenemos el primer dato de nuestra identidad: Soy salvo. Esta es una declaración de Dios y no puede ser de otra manera mientras permanezcamos en la gracia del Señor. El Señor nos poseyó antes, cuando aun Adán y Eva no pecaban, éramos suyos pero nosotros nos rebelamos contra él, nos fuimos de casa y fuimos a caer en manos de un vendedor de esclavos, satanás; éste nos tomó, nos privó de nuestra libertad y tuvimos que servirle. Pensábamos que nos pertenecíamos a nosotros mismos pero en realidad pertenecíamos a nuestros pensamientos y deseos pecaminosos y al régimen de la muerte. Es entonces que Cristo, fue al mercado de esclavos y mediante el pago de su propia sangre nos compró de nuevo. Somos salvos y esto significa que Cristo nos ha vuelto a poseer. Ahora le pertenecemos, ya no al reino de las tinieblas sino al reino de la luz. Y nos dispuso para su gloria, para serle exclusivos. Nos separó para él únicamente. No para servir a otros señores, sino que nos apartó como su posesión especial, como un tesoro apreciado, valioso y digno. Nos compró de nuevo y nosotros ahora nos debemos a él completamente.

La comunión con Dios estaba rota, el pecado hizo que toda comunicación y convivencia con Dios se estropeara. "Dios no escucha a los pecadores" dijo por el Espíritu Santo aquel ciego de nacimiento que milagrosamente había recobrado la vista en Juan 9, y por ello, aún si clamáramos a él para recibir alguna dádiva, nuestro corazón no arrepentido seguiría siendo una amplia y profunda sima de separación; pero, gracias sean dadas a Dios, ahora tenemos un nuevo estado: una amistad restaurada. Ahora podemos llamarnos amigos de Dios. Nuestra naturaleza no es perdida, extraviada y ajena sino hallada, encontrada y cercana en Cristo.

Soy salvo significa, estoy vivo para Dios, estaba muerto en delitos y pecados, ahora habito en Cristo, el autor de la vida y Él habita en mí. Le he conocido finalmente, he tenido un encuentro definitivo con su persona. Dice 2 Ti. 2:19 "conoce el Señor a los que son suyos..." "Yo soy el buen pastor y conozco mis ovejas, y las mías me conocen" (Jn. 10:14). Ser salvo es ser conocido por Dios y nosotros conocerle a Él. Como un hombre que ahora adquiere nombre para Dios y de Dios. ¿Qué eres? nos pueden preguntar. Soy salvo, no solo tengo salvación sino tengo la naturaleza de los salvos. Uno que perdió toda su herencia y aún su calidad de hijo espiritual de Dios ahora es restablecido a su primer estado. Por eso Cristo relata la historia del Hijo Pródigo, porque ahora él ha reencontrado –y reconciliado– la humanidad con el Padre. La primera tarjeta de identidad delante del Señor es ésta. Es imposible adquirir las demás sino se agencia ella primero mediante el arrepentimiento y la fe depositada totalmente en Jesús.

A Salvo

"y esperar de los cielos a su Hijo, al cual resucitó de los muertos, a Jesús, quien nos libra de la ira venidera." - 1 Ts. 1:10

Soy salvo significa estar a salvo del peligro. Todo ser humano al nacer no se da cuenta que nace expuesto al peligro hasta que despierta su conciencia. En un estado puro de inocencia un bebé no comprende los peligros que esta vida encierra, pero cuando tenga uso de razón lo entenderá. Dice Ro. 2:14,15 "Porque cuando los gentiles que no tienen ley, hacen por naturaleza lo que es de la ley, éstos, aunque no tengan ley, son ley para sí mismos,[15] mostrando la obra de la ley escrita en sus corazones, dando testimonio su conciencia, y acusándoles o defendiéndoles sus razonamientos,".

La Biblia dice, que todo hombre tiene una conciencia y la conciencia le advierte acerca de lo malo y del peligro que existe en hacer lo malo. La ley escrita en sus corazones les reprende y les acusa, esto aun sin conocer la ley escrita de Dios. El quebrantamiento de la ley de Dios tiene sus consecuencias, "por cuanto todos pecaron y están destituidos de la gloria de Dios"; en otras palabras el pecado nos descalifica para entrar al cielo. Otro versículo bíblico nos advierte terminantemente: "porque la paga del pecado es muerte..." (Ro. 6:23). Las consecuencias del pecado son desastrosas, nefandas, y llega un momento en que son irreversibles.

Cuando nosotros venimos a Cristo somos salvos, estamos a salvo del peligro.

Tenemos dos consecuencias graves de nuestros actos. Primero estamos condenados al infierno, a la condenación eterna. Dice Apo. 21:8 "Pero los cobardes e incrédulos, los abominables y homicidas, los fornicarios y hechiceros, los idólatras y todos los mentirosos tendrán su parte en el lago que arde con fuego y azufre, que es la muerte segunda." Es maravilloso saber que Dios nos ha salvado, nos ha librado de esta condenación. "El que cree en el Hijo tiene vida eterna." Tenemos vida eterna en el Señor.

Segundo. Estamos a salvo de las consecuencias de nuestra vida pasada. El pecado siempre conduce a grandes desastres en nuestra vida, pero el Señor es misericordioso y compasivo. Dice Sal. 86:5 "Porque tú, Señor, eres bueno y perdonador, y grande en misericordia para con todos los que te invocan." Pablo, que fue un asesino, perseguidor de la iglesia y un blasfemo exclamó: "Pero por esto fui recibido a misericordia, para que Jesucristo mostrase en mí el primero toda su clemencia, para ejemplo de los que habrían de creer en él para vida eterna." Dios no nos ha pagado conforme a nuestros pecados, "no ha hecho con nosotros conforme a nuestras iniquidades, ni nos ha pagado conforme a nuestros pecados". Quienes hemos recibido a Cristo como salvador y señor somos salvos y estamos a salvo del peligro, nuestro futuro está intacto en Cristo. Nuestro destino está asegurado en el Hijo de Dios, no hay porque temer ni porque desconfiar. Cuando el diablo venga a mentirnos podemos escupirle en su cara declarando: "Soy Salvo, estoy a salvo."

Soy Ciudadano

"Mas nuestra ciudadanía está en los cielos, de donde también esperamos al Salvador, al Señor Jesucristo;" – Filipenses 3:20

Hay muchos que anhelan hoy en día la ciudadanía de cierto país. Luchan por ella y sacrifican mucho por ella. En la antigüedad la ciudadanía romana era muy apreciada, porque constituía el status más alto que una persona podría tener. Había ciertas circunstancias que daban el honor a una persona de ser ciudadano romano y no siempre podía ser simplemente por haber nacido en Roma o en el territorio dominado por los romanos. Un ciudadano romano tenía los privilegios de votar, de comerciar y de adquirir un contrato legal de matrimonio. Todo ciudadano estaba a salvo de la pena de muerte. Tenía el derecho de que se efectuara un juicio antes de castigarle bajo cualquier cargo en su contra. Tenía también que cumplir, como ciudadano, con ciertas obligaciones. Tenía que pagar impuestos y los hombres tenían que cumplir con cierto tiempo de servicio militar.

"Soy salvo" significa que nuestra patria y nuestra ciudadanía en está en los cielos. Cristo dijo: "No son del mundo, como tampoco yo soy del mundo." Esto implica privilegios y responsabilidades. Pero los privilegios exceden por mucho lo comparativamente pequeño de las responsabilidades que tenemos en Cristo. Y no solo eso, sino que puesto que Cristo lleva nuestras cargas y nos ayuda en todo, se puede decir que no sólo Él nos ha dado los privilegios, sino también Él mismo cumple con nuestras responsabilidades por nosotros en nosotros.

Ser salvos nos hace miembros de la familia de Dios y conciudadanos de los santos en cualquier nación de la tierra. Somos parte de una fraternidad mundial en la que no hay distinción de razas, nacionalidades o lenguas. Todos los redimidos somos un solo cuerpo en Cristo, una nación de extranjeros y peregrinos en el mundo. No necesitamos haber dado una gran cantidad de dinero para ser ciudadanos del cielo; tampoco tuvimos que esperar varios años siguiendo un procedimiento legal minucioso. No tuvimos que haber nacido en cierto lugar ni ser hijos de algún gran señor de la tierra. Tan sólo bastó con humillarnos ante Dios y aceptar su amor por Jesucristo. Solamente esto nos ha dado el privilegio supremo que puede existir: Ser ciudadano de los cielos.

Nuestro certificado de ciudadanía no está escrito con letras de oro, ni siquiera tenemos un certificado, el certificado es el sello del Espíritu Santo sobre nosotros. Ef. 1:13 dice: "En él también vosotros, habiendo oído la palabra de verdad, el evangelio de vuestra salvación, y habiendo creído en él, fuisteis sellados con el Espíritu Santo de la promesa,". Este sello es nuestro certificado de ciudadanía.

Existe también en los cielos un registro de ciudadanía: el libro de la vida. Ese libro preciado en donde están escritos nuestros nombres. Soy salvo, soy ciudadano de los cielos. Ser ciudadano de cualquier nación aquí, por más oportunidades terrenas que presente jamás podrá compararse con mi ciudadanía en los cielos.

Soy perdonado

"Os escribo a vosotros, hijitos, porque vuestros pecados os han sido perdonados por su nombre. – 1 Juan 2:12

Algunos de nosotros alguna vez hemos tenido una deuda que parece que nunca podremos pagar. Creo que es difícil, siendo una persona honesta, estar tranquilo cuando debemos y no podemos pagar. Una deuda es un compromiso que no puede ser revocado sino con el pago. Ya sea que nosotros paguemos o que alguien más pague por nosotros, pero de otra manera la deuda no será cancelada. Alguien pudiera tener la esperanza de que un error a su favor en el banco le envíe el documento que diga que su deuda ha sido cancelada, pero esto regularmente nunca sucede.

Nosotros tuvimos una gran deuda con Dios. Cada pecado es un cargo más en nuestra cuenta. La cuenta se va haciendo larga desde el primer día que estamos sobre la tierra y el problema es que nosotros no tenemos un solo centavo para pagarla. Podemos tener obras, pero el banco de Dios no acepta obras, podemos tener dinero, pero el banco de Dios no acepta dinero. Podemos tener muy buena reputación, un amplio círculo de amigos, pero ninguna de estas cosas es válida ante Dios. Dice 1 P. 1:18-19 "sabiendo que fuisteis rescatados de vuestra vana manera de vivir, la cual recibisteis de vuestros padres, no con cosas corruptibles, como oro o plata,[19] sino con la sangre preciosa de Cristo, como de un cordero sin mancha y sin contaminación,".

David, lleno del Espíritu Santo dijo: "Bienaventurado aquel cuya transgresión ha sido perdonada, y cubierto su pecado.[2] Bienaventurado el hombre a quien Jehová no culpa de iniquidad," (Sal. 32:1-2). El gozo que una persona experimenta cuando Dios perdona sus pecados es algo natural. Saber que nuestra gran deuda ha sido cubierta y que ya no debemos nada es una gran alegría. Por tanto decir soy salvo es decir no debo nada ante Dios. El Señor ha pagado la deuda que a mí me correspondía pagar y que para mí era imposible cubrir. Dios ahora no nos inculpa de iniquidad, somos limpios. Nuestro record criminal ante Dios está limpio.

Siempre el diablo vendrá a acusarnos acerca de hechos del pasado, pero nosotros podemos reprenderlo con todo derecho legal de parte del Rey supremo del universo y decirle con autoridad: "Soy salvo, no debo nada ante Dios, todos mis pecados han sido perdonados."

En una ocasión hice una pregunta a una persona en cierto lugar: "¿Cuantos de tus pecados han sido perdonados? Me contestó: "Creo que muchos de ellos". Pero ser salvo no es que alguno de nuestros pecados quedaron todavía en nuestra cuenta, sino que **todos** nuestros pecados ya Dios los ha perdonado. Nuestra factura de deudas ante Dios tiene el sello de "pagado". Mi. 7:19 dice "El volverá a tener misericordia de nosotros; sepultará nuestras iniquidades, y echará en lo profundo del mar todos nuestros pecados". Qué maravilla pensar que así como nunca se podrán tocar el oriente con el occidente, nuestros pecados ya no nos pueden tocar. "Cuanto está lejos el oriente del occidente, hizo alejar de nosotros nuestra rebeliones." Soy Salvo, no debo nada.

Soy una nueva creación

"De modo que si alguno está en Cristo, nueva criatura es; las cosas viejas pasaron; he aquí todas son hechas nuevas." –2 Corintios 5:17

Cuando uno contrae matrimonio la vida cambia radicalmente. Ya no se trata de uno sino de dos. Ya no se trata de complacernos a nosotros únicamente sino, en primer lugar, complacer a nuestro conyugue. Se trata de pasar de la individualidad al equipo. Pensar en equipo es lo mejor que pueda pasarnos, pero en cierta forma seguimos siendo los mismos. Podemos continuar con muchos de nuestros antiguos hábitos y malas costumbres. Quien es alcohólico o fumador, continúa siéndolo aun después de la boda. Quien es jugador, no deja de serlo; quien está adicto a la pornografía, continúa con su pecado soltero o casado. La glotonería se ha convertido en uno de los primeros vicios en el mundo y la causa de multitud de enfermedades. Se ha acuñado un dicho popular: "Genio y figura hasta la sepultura". Y esto es verdad para el mundo, pero no para los que somos salvos. Porque ser salvo es cambiar de naturaleza. Somos una nueva creatura.

En su entrevista furtiva Nicodemo escuchó de los labios del divino-humano maestro la siguiente frase reveladora: "Os es necesario nacer de nuevo" (Jn. 3:7). Nicodemo no tenía idea de lo que eso significaba y quizá fue confundido aún más cuando Cristo continúa diciendo: "El viento sopla de donde quiere, y oyes su sonido; más ni sabes de dónde viene, ni a dónde va; así es todo aquel que es nacido del Espíritu." Somos una nueva creación, hemos nacido de nuevo y nuestro nuevo nacimiento es espiritual. Esto es algo sobrenatural en nosotros, de Dios. Totalmente de Dios.

Se cuenta que durante el gran avivamiento de Gales entre 1904 y 1905 hubo la necesidad de re-entrenar los animales utilizados para jalar las carretas y carruajes. Los que los manejaban ya no eran agresivos y vilipendiosos. Eran mansos, alegres y pacientes y los animales estaban acostumbrados a amos iracundos y rabiosos. No es que el Señor haya mejorado nuestro interior, más bien ha creado a otro hombre. La Biblia lo dice con claridad, habla de un "nuevo hombre". Hay una nueva creación en nosotros. Quien es salvo es hecho de nuevo, una nueva creación.

Pablo, discutiendo con los judaizantes que insistían que la circuncisión cambiaba a una persona, insiste: "Porque en Cristo Jesús ni la circuncisión vale nada, ni la incircuncisión, sino una nueva creación" (Gal. 6:15). En otras palabras, los hechos externos y los esfuerzos religiosos de los seres humanos no van más allá de mejorar a una persona. Pero Cristo nos hace ser una nueva creación. Somos hechura suya, somos creados en Cristo Jesús. Salmos 104:30 dice: "Envías tu Espíritu, son creados..." Podemos registrar el día de nuestro nuevo nacimiento espiritual, porque este día es mucho más importante que el día de nuestro nacimiento natural. Job maldijo el día de su nacimiento natural y tenía razón, porque nacimos en pecado, pero cuando somos salvos nacemos de nuevo, nacemos del Espíritu Santo y somos creados en Cristo Jesús. Diga ahora mismo: Soy salvo, soy una nueva creación, la vida pasada quedó atrás, todo ahora es hecho nuevo.

2 | SOY SANO

¿Es la voluntad de Dios que nosotros únicamente seamos salvos y continuemos enfermos hasta morir? No. Dios quiere sanarnos también. Algunos están orando para descubrir la voluntad de Dios en cuanto a sanarles o no. Entre tanto, mientras alimentan sus dudas en cuando a que si Dios quiere o no sanarles, hacen todo lo humanamente posible para ser sanos. Luego, si esto fuera así, *si **no** es la voluntad de Dios sanarles*, entonces todo el tiempo que han tenido atención médica han estado en rebeldía contra Dios porque no era su voluntad sanarles. Esto evidentemente no es así, sino que Dios ha provisto para nosotros sanidad y Él nos ha dicho que somos sanos en Cristo Jesús. Tenemos siempre que tener esa total seguridad. "Si algo pidieres en mi nombre yo lo haré" dijo Cristo. Aquí no se excluye la sanidad del cuerpo. Cuando aquel muchacho de Mateo 17:14-21 no fue sanado por la oración de los discípulos, Jesús no dijo que la razón era que Dios no quisiese. El problema no estaba en Dios, el problema estaba en los discípulos y en el padre mismo de ese jovencito.

Otro pobre leproso vino a Cristo para preguntarle que si quería sanarle. Cristo de inmediato corrigió su teología y esto para mostrar al todo el mundo su voluntad perpetua: "Quiero!" Dijo el Sanador sempiterno. (Mr. 1:40).

En Cristo no únicamente tenemos la salvación de nuestras almas sino también la sanidad de nuestros cuerpos. Cuando viene Cristo a nosotros se efectúa por fe la sanidad de la parte invisible de nuestro ser; y también por fe la parte visible de nosotros es sanada por el poder de Dios. Nuestro cuerpo es sano. Esta realidad es parte integral del evangelio y no puede sustituirse por argumentos humanos. "Sea Dios veraz, todo hombre mentiroso". Muchos en nuestros días han dado justificaciones basadas en sus propios razonamientos, pero no en la palabra de Dios. Pero si no fuera la voluntad de Dios sanar a una persona entonces los hospitales estuvieran llenos de personas rebeldes que cooperan en contra de su divina voluntad. De la misma manera Cristo y los apóstoles estuvieron opuestos a la voluntad de Dios al sanar a todos los enfermos (Mt. 8:16; Mc. 6:56; Hch. 5:16) si la sanidad era sólo para algunos y no para todos; sin embargo, puesto que Cristo jamás hizo nada fuera de la voluntad de Dios (ni siquiera con el pensamiento) es un hecho que Dios quiere sanar a toda la humanidad.

Es claro en la Biblia que la voluntad de Dios es la salud de todos los seres humanos, y todo hombre o mujer que ha venido a Cristo es sano por el poder del Señor. Puesto que la enfermedad no viene de parte de Dios sino de Satanás, el Señor en la cruz dispuso la solución para tan grande mal que azota a tantas personas. "No quiere que ninguno perezca sino que todos procedan al arrepentimiento." (2 P. 3:9) este pasaje es paralelo a: "Porque no quiero la muerte del que muere, dice Jehová el Señor; convertíos, pues, y viviréis." (Ez. 18:32). Satanás ha venido a dar muerte, Cristo vino a dar vida. La vida proviene del Señor Jesús.

La Biblia registra un rey que en su enfermedad acudió a los médicos, pero él murió (2 Cr. 16:12). Hubo otro rey que se llamó Ezequías que en su enfermedad clamó a Dios y el Señor le dio sanidad total en su cuerpo.

De la manera en que creemos que somos salvos por la fe en

Jesucristo y esto es un fundamento fuerte para nosotros, cada cristiano debe de creer fundamentalmente también que es sano en su cuerpo y jamás tolerar ningún tipo de padecimiento; más bien, debe reprender agresivamente al enemigo al primer síntoma de enfermedad, pues ese mentiroso y homicida no tiene derecho a tocarnos. Soy sano, esa fue la voluntad de Dios para mí.

El Sempiterno sanador

"y dijo: Si oyeres atentamente la voz de Jehová tu Dios, e hicieres lo recto delante de sus ojos, y dieres oído a sus mandamientos, y guardares todos sus estatutos, ninguna enfermedad de las que envié a los egipcios te enviaré a ti; porque yo soy Jehová tu sanador."– Éxodo 15:26.

"Después de sentir terribles malestares visité uno de los mejores médicos del país," dijo una pobre mujer enferma de una enfermedad incurable. "Luego, cuando vi que ese médico no podía hacer nada por mí, fui con otro, y después con otro… yo fui muy rica, pero gasté todo mi dinero en médicos y ninguno pudo sanarme." ¿Cuánto dinero se gasta inútilmente en atención médica para muchos que finalmente mueren? Luego ella continuó diciendo: "supe de un hombre que predicaba en las calles, escuché grandes cosas de él, que curaba a las personas. Muchos me decían que era profeta, que venía de Dios. Fui a Él desesperada y pensé dentro de mí… si tocare solamente su manto, seré sana. *"Y he aquí una mujer enferma de flujo de sangre desde hacía doce años, se le acercó por detrás y tocó el borde de su manto;"*(Mt. 9:20).

Esta mujer fue sana porque acudió al médico, al verdadero Médico, Cristo Jesús. Él es Médico que sana todas las enfermedades y nunca ha dejado un enfermo sin sanar. Cristo sana a todos los enfermos que le reconocen a Él como el verdadero Médico y confían plenamente en Él. Los que van a los médicos de la tierra confían en la capacidad y ciencia humanas. La ciencia humana tiene grandes méritos hoy en día. Se han inventado vacunas formidables, hay operaciones que la ciencia médica tiene dominadas, existen algunas medicinas que prueban efectividad real; sin embargo los que van al verdadero Médico jamás serán defraudados. Siempre tenemos la opción de ir sin fe y con dinero o un seguro médico a los seres humanos o bien ir con una fe real y sencilla al Médico de médicos.

Algunos dicen que los milagros cesaron con Cristo y los apóstoles, pero el Señor es Médico, ese es uno de sus nombres. Médico es uno de los nombres de Dios y ninguno de los nombres de Dios podrá ser mudado porque Dios no muda. Cristo es nuestro médico sempiterno y porque Cristo es nuestro Médico sempiterno nosotros somos sanos. Podemos acudir y creer en el mejor especialista de la tierra y continuar enfermos. Pero si habitamos en Cristo y Cristo habita en nosotros y tocamos (al tenerle cerca) el borde de su manto nosotros somos sanos. Algunos conocen a Cristo como su Salvador y pueden exclamar con lágrimas en los ojos "soy salvo", sin embargo no tienen un conocimiento personal de Cristo como sanador. Le animo el día de hoy a empezar a conocer a Cristo a través de las Escrituras como Médico y pueda también decir como yo: ¡Soy sano, Mi Médico es sempiterno!

Dios nunca cambia, Cristo fue sanador para los Israelitas, lo es también para el Israel de Dios. Cuando ellos tomaron la pascua salieron sanos de Egipto. "Los sacó con plata y oro; Y no hubo en sus tribus enfermo."(Sal. 105:37) Debemos creer que el Señor nos saca del mundo también sanos; y nos saca sanos para servirle, no para que por la enfermedad muramos en el desierto sino para servirle con todo el corazón. Más de dos millones de personas salieron de Egipto y todos salieron sanos, ni uno estuvo enfermo, también entre las tribus del Israel de Dios no debería haber enfermo. Luego por la incredulidad del pueblo muchos enfermaron y murieron, pero no así con Moisés, Aarón, Josué y Caleb, quienes se mantuvieron sanos hasta su muerte por haber tomado seriamente la palabra de Dios.

Soy sano, Satanás es mentiroso

"Vosotros sois de vuestro padre el diablo, y los deseos de vuestro padre queréis hacer. El ha sido homicida desde el principio, y no ha permanecido en la verdad, porque no hay verdad en él. Cuando habla mentira, de suyo habla; porque es mentiroso, y padre de mentira." - Juan 8:44.

La Biblia dice que la enfermedad es cosa de Satanás. "cómo Dios ungió con el Espíritu Santo y con poder a Jesús de Nazaret, y cómo éste anduvo haciendo bienes y sanando a todos los oprimidos por el diablo, porque Dios estaba con él." (Hch. 10:38). La Biblia habla de la enfermedad como una opresión del diablo. Es absolutamente irrazonable y no hay evidencia bíblica que Dios envíe enfermedades a sus siervos fieles sin razón, sólo para enseñarles algo que ellos no saben. Nosotros sabemos sin embargo, por la palabra de Dios, que la enfermedad viene de Satanás. "Para esto apareció el Hijo de Dios, para deshacer las obras del diablo" (1 Jn. 3:8). A esto dedicó el Señor buena parte de su ministerio en la tierra, a sanar a los enfermos; y esto como evidencia de su ministerio con la humanidad: destruir la obra satánica. Entre otras cosas, está la enfermedad como la segunda más terrible de las obras diabólicas seguida de la ceguera espiritual. Cristo trató el pecado y la enfermedad de la misma manera; y a todos los que salvó también los sanó. Ambos azotes de la humanidad –pecado y enfermedad– fueron igualmente odiados por Cristo, el Médico sempiterno.

"El ladrón, no viene sino para hurtar, matar y destruir; yo he venido para que tengan vida, y para que la tengan en abundancia" (Jn. 10:10). El diablo es un homicida, ha sido homicida desde el principio, causa la enfermedad para robar el dinero, tiempo y felicidad de una persona, luego le hace morir. Cristo, el Médico sempiterno ha venido para que tengamos vida y vida en abundancia. El trabajo del diablo es matar, el trabajo de nuestro Médico sempiterno es darnos vida.

Los síntomas de una enfermedad nos dicen que estamos enfermos, pero Dios ha dicho que somos sanos. "Ciertamente llevó él nuestras enfermedades, y sufrió nuestros dolores; y nosotros le tuvimos por azotado, por herido de Dios y abatido. Mas él herido fue por nuestras rebeliones, molido por nuestros pecados; el castigo de nuestra paz fue sobre él, y por su llaga fuimos nosotros curados." (Isaías 53:4,5). ¿Creeremos a lo que dice el diablo o a lo que dice Dios de nosotros? Ciertamente reprendemos al diablo en el poderoso nombre de Cristo. Le decimos al diablo que es mentiroso porque Dios ha dicho que somos sanos y nada puede superar la palabra de Dios. Soy sano. Satanás es un mentiroso.

Soy sano al estar en Cristo

*"Si permanecéis en mí, y **mis palabras permanecen** en vosotros, pedid todo lo que queréis, y os será hecho."* - Juan 15:7.

Cristo dijo que la sanidad era el pan de los hijos. "Deja primero que se sacien los hijos, porque no está bien tomar el pan de los hijos y echarlo a los perrillos." (Mt. 7:27). En otras palabras, los que hemos sido hechos hijos de Dios tenemos derecho a la sanidad. "Más a todos los que lo recibieron, a los que creen en su nombre, les dio potestad de ser hechos hijos de Dios; los cuales no son engendrados de sangre, ni de voluntad de varón, sino de Dios" (Jn. 1:12,13). En los tiempos de Cristo la sanidad fue primero para Israel. Ellos necesitaron tener la oportunidad de reconocerle como el Mesías. Pero luego, cuando Israel rechazó a Cristo, Dios puso a todos, tanto judíos como no judíos bajo el mismo requisito de salvación: Aceptar a su Hijo Jesucristo como Salvador personal. Ahora todos los que hemos recibido al Hijo de Dios en nuestro corazón recibimos también el pan de los hijos: La sanidad.

Los hijos de Dios deben reconocer y creer en Él como el Médico sempiterno. Los hijos de Dios andamos en santidad, con Cristo. Tomados de su mano. Cerca de Él, en comunión completa. Santiago, inspirado por el Espíritu Santo dice: "Someteos pues a Dios, resistir al diablo, y él huirá de vosotros" (Stg. 4:7). Ninguna persona que no está sometida a Cristo puede hacer huir al diablo, pues carece del respaldo de Dios. La razón por la que el diablo huye no es por nosotros sino por *Cristo en nosotros*.

"Si en mi corazón hubiere yo mirado a la iniquidad, el Señor no me habría escuchado" (Sal. 66:18). Si nosotros miramos con agrado el pecado en nuestro corazón, si vivimos una vida separada de Cristo aunque tengamos la teoría evangélica no podremos ser escuchados por Dios. Ciertamente el Señor ha prometido hacer las peticiones que le hayamos hecho. "Y esta es la confianza que tenemos en él, que si pedimos alguna cosa conforme a su voluntad, él nos oye. Y si sabemos que él nos oye en cualquier cosa que pidamos, sabemos que tenemos las peticiones que le hayamos hecho" (1Jn. 5:14,15). Y esto incluye obviamente la sanidad física. Tenemos como principio de esto que Dios no escucha a los pecadores.

El requisito que Cristo pone en Juan 15:7 para pedir y recibir todo lo que pidamos es permanecer en él y en sus palabras. Todo aquel que permanece en Cristo y Cristo en él tiene autoridad para resistir al diablo. No importa que el diablo con sus síntomas mentirosos venga a nosotros para negar la palabra de Dios, tiene que huir al reprenderlo en el nombre todopoderoso de Cristo Jesús de Nazaret, pues lo que Dios ha dicho es superior a lo que ven nuestros ojos o escuchan nuestros oídos.

El pasaje de Santiago 5:14-15 es una declaración de Dios muy poderosa. La unción con aceite hace alusión a la que se hacía a los sacerdotes y a las cosas consagradas en Lv.8:10-12. Dice allí: "Y tomó Moisés el aceite de la unción y ungió el tabernáculo y todas las cosas que estaban en él, y las santificó. [11] Y roció de él sobre el altar siete veces, y ungió el altar y todos sus utensilios, y la fuente y su base, para santificarlos. [12] Y derramó del aceite de la unción sobre la cabeza de Aarón, y lo ungió para santificarlo." El aceite es un símbolo de la santidad del creyente. Si tiene pecado debe confesarlo. Si ha pecado contra su hermano debe pedirle perdón y perdonar con sinceridad. Primero es la unción, luego la santificación por la unción, luego la sanidad debido a la santidad del creyente (autoridad en Cristo). "...y el yugo se pudrirá a causa de la unción" (Is. 10:27). Soy sano al estar en Cristo.

Soy sano, mi cuerpo es de Cristo

"porque somos miembros de su cuerpo, de su carne y de sus huesos"- Efesios 5:30.

Cristo, instantes antes de ascender al cielo dijo: " he aquí yo estoy con vosotros todos los días hasta el fin del mundo" (Mt. 28:20). La promesa del Señor es que Él estará con nosotros para siempre. Nosotros caminamos con el Señor como en los días que él estuvo en la tierra. El Espíritu del Señor y el Espíritu Santo está con nosotros.

Pero también las Escrituras declaran que no sólo Cristo Jesús está con nosotros pero está *en* nosotros. Dice Ef. 3:17 "para que habite Cristo por la fe en vuestros corazones,". "Vendremos a Él y haremos morada con él" (Jn. 14:23). "He aquí, yo estoy a la puerta y llamo; si alguno oye mi voz y abre la puerta, entraré a él..." (Ap. 3:20).

Para que el Señor habite en nosotros y para que tengamos toda su victoria es necesario entregar nuestro cuerpo al Señor Jesucristo. Dice la Biblia: "Así que, hermanos os ruego por las misericordias de Dios, que presentéis vuestros cuerpos en sacrificio vivo, santo, agradable a Dios, porque esto es vuestro culto racional" (Ro. 12:1). Dijo Pablo por el Espíritu: "Así que, yo de esta manera corro, no como a la ventura; de esta manera peleo, no como quien golpea el aire, [27] sino que golpeo mi cuerpo, y lo pongo en servidumbre, no sea que habiendo sido heraldo para otros, yo mismo venga a ser eliminado." Estos pasajes bíblicos nos hablan de una entrega total. Nuestro cuerpo es el cuerpo del Señor.

1 Ts. 5:23 "Y el mismo Dios de paz os santifique por completo; y todo vuestro ser, espíritu, alma y cuerpo, sea guardado irreprensible para la venida de nuestro Señor Jesucristo." ¿Cómo es que nuestro cuerpo logra santificarse? Es santificado cuando está separado para el Señor, cuando es propiedad de Dios. "¿O ignoráis que vuestro cuerpo es templo del Espíritu Santo, el cual está en vosotros, el cual tenéis de Dios, y que no sois vuestros?" (2 Cor. 6:19). ¿Qué le podemos dar al Señor? ¿Sólo el corazón? ¡No! Todo nuestro ser, también nuestro cuerpo le pertenece al Señor.

El precio que Cristo pagó por nosotros no fue sólo por nuestro corazón sino también por nuestro cuerpo. Dice la Biblia en 1 Cor. 6:20 "Porque habéis sido comprados por precio; glorificad, pues, a Dios en vuestro cuerpo y en vuestro espíritu, los cuales son de Dios."

Somos miembros de su cuerpo, de su carne y de sus huesos. Nuestras manos son las manos del Señor, nuestros pies son los del Señor, nuestro hígado es el del Señor Jesús; nuestros pulmones, nuestro sistema digestivo, nuestro sistema circulatorio. Todos nuestros huesos son los de Cristo. Cada sistema, órgano, tejido y célula son los de Jesucristo de Nazaret. Satanás no tiene derecho ni autoridad para tocar el cuerpo del Señor. El que destruyere el cuerpo del Señor, Dios lo destruirá a él. El Señor Jesús jamás estuvo enfermo sino cuando se hizo enfermedad por nosotros. Así el Señor nunca pecó pero se hizo pecado por nosotros. Esto lo hizo para que nosotros también vivamos su vida. Su vida fue de santidad y salud en cuerpo; así también nosotros.

Soy sano, mi cuerpo es de Cristo, es propiedad del Señor. Dios no sana un cuerpo que no le pertenece aún, pero cuando se lo hemos entregado totalmente, Dios lo usará para su gloria y "el que levantó de los muertos a Cristo Jesús vivificará también vuestros cuerpos mortales por su Espíritu que mora en vosotros" (Ro. 8:11). Soy sano, mi cuerpo es de Cristo.

3 | SOY SANTO

Otro de los sellos en nuestra identidad cristiana es uno que dice: Soy santo. Ese es el sello que el Señor nos ha puesto. No puede entenderse la santidad como el esfuerzo personal, el fruto de un esfuerzo dedicado. No es motivo de jactancia sino de mantenernos agradecidos y humildes ante el Señor, quien nos ha otorgado semejante regalo.

Nos ha hecho partícipes de su santidad. "Para que seamos participantes de su santidad" (Heb. 12:10). Dios quiere que seamos participantes de su santidad. Nosotros no nos hemos hecho santos, Dios nos hizo santos por su pura gracia.

Oseas era un soltero distinguido. Hombre consagrado al Señor que jamás pensó en las cosas sucias que ofrece este mundo, pero Dios le ordenó que tomara como esposa a una prostituta. Fue entonces Oseas e hizo lo que Dios le ordenó y convirtió a esa prostituta en la distinguida esposa de Oseas, el profeta del Altísimo para toda la nación de Israel y uno de los grandes hombres de Dios de todos los tiempos. Oseas es tipo de Cristo, quien del mundo nos ha tomado para hacernos santos. No es que nosotros nos hagamos como Cristo, más bien Cristo nos hizo como Él. Nosotros estábamos en nuestra ignorancia, pero Dios nos eligió como un acto de pura gracia. "Yo sanaré su rebelión, los amaré de pura gracia; porque mi ira se apartó de ellos" (Oseas 14:4). Cristo nos amó cuando éramos aún pecadores. No miró que estábamos sucios e indignos, sino que nos miró con ojos de compasión, extendió su mano de misericordia y nos sacó del fango, del cieno, del lago cenagoso para casarse con nosotros. "Más Dios muestra su amor para con nosotros en que siendo aún pecadores, Cristo murió por nosotros" (Ro. 5:8). Y para esto murió para que fuéramos para Él; de su propiedad exclusiva, para que seamos la santa esposa del Cordero de Dios.

Todo cristiano ha sido facultado para vencer el pecado, no sólo somos declarados santos sino por el poder del Espíritu vivimos en una vida diaria de santidad. Podemos cantar: "Tú eres Santo, Señor Dios de los ejércitos", pero Dios ha dicho *sed santos como yo soy santo*. El Señor jamás nos pide algo que no podemos cumplir. Sería un timo que Dios nos ordene algo que no podemos llevar a la práctica. Dios no está burlándose de nosotros. Aunque no es posible para creaturas como nosotros alcanzar la santidad absoluta de Dios, si podemos vivir una vida perfecta y santa *ante* Dios. Una vida de consagración total y entrega. Somos santos porque Dios dice que somos santos. Si se tratara de nuestros esfuerzos personales entonces esto sería imposible para todos nosotros, pero Él nos dice: "Sed santos porque yo soy santo". En otras palabras no necesitas santificarte tú, yo soy el que te santifico (Lev. 22:32). Es como si alguien nos dijera, ven, sube a mi auto, yo te llevo, no tienes que caminar, jamás llegarás si vas caminando, la distancia es demasiado larga y el camino difícil, ven sube. Como aquel que os llamó es Santo, nosotros también somos santos por Cristo. Esto es "ceñid los lomos de nuestro entendimiento, sed sobrios y esperar por completo en la gracia..." (1 P. 1:13). Es indispensable esperar por completo en la gracia y abrazar con todas nuestras fuerzas este conocimiento: Que nosotros somos santos porque nuestro Dios es santo, porque Cristo nos ha hecho santos. Ser santo es un asunto de fe, no un asunto de obras, porque somos santos única y exclusivamente por la pura gracia de nuestro Dios. No fue la prostituta la que se hizo esposa de Oseas, sino que Oseas hizo a la prostituta su esposa.

Soy santo, Dios lo dice

"Por tanto, hermanos santos, participantes del llamamiento celestial, considerad al apóstol y sumo sacerdote de nuestra profesión, Cristo Jesús."- Hebreos 3:1

Decir que somos santos no es una manera jactanciosa de presentarnos como mejores que los demás. Decimos que somos santos porque Dios nos ha declarado santos. Todos tenemos una nacionalidad y sea del país que fuere eso es lo que somos. Nos puede enorgullecer pertenecer a cierto país y no nos debería avergonzar, pero no podemos negar lo que somos. Somos santos porque el llamamiento celestial fue ese. Dios nos dijo, ven acá, donde yo estoy, entra a mi santidad. No porque nosotros lo meréciéramos pero Él lo ha hecho. Así como Dios el Padre constituyó a Jesús como sumo sacerdote entre Él y nosotros, así por Cristo nosotros somos santos, en consecuencia a nuestra profesión, a nuestra confesión de fe en Él.

Por todas partes en el Nuevo Testamente Dios se dirige a los cristianos como santos. Aún a los Corintios, Pablo, inspirado por Dios, les dice santos. "A los santificados en Cristo Jesús..." (1Cor. 1:2); pero luego empieza a numerar las graves faltas conducidas por los miembros de la iglesia de Corintios. ¿No es eso incongruente? Sin embargo Pablo no podría ir en contra de lo que Dios había declarado sobre los Corintios desde el día de su conversión... "Y esto erais algunos; mas ya habéis sido lavados, ya habéis sido santificados, ya habéis sido justificados en el nombre del Señor Jesús, y por el Espíritu de nuestro Dios" (2 Cor. 6:11). De la misma manera el Señor nos ha declarado santos y eso es lo que somos. Podría ser que el dueño de una hacienda no se comporte como el dueño, sino como un simple huésped. Quien siendo un nacional del país y teniendo todos sus plenos derechos de ciudadano podría comportarse como un extranjero ilegalmente ingresado. Sin embargo, eso no le exime de sus derechos declarados. No podemos contradecir lo que el Todopoderoso ha dicho acerca de nosotros, pues "el que santifica y los que son santificados, de uno son todos; por lo cual no se avergüenza de llamarlos hermanos," (Heb. 2:11). Pero tampoco debemos hacer quedar mal al Señor, porque asimismo nos dice que quien le negare Él también lo negará. Si un ciudadano de un país ofende a la nación y se avergüenza públicamente de ella, los funcionarios tienen autoridad para echarle del país. Dios también.

Si nosotros examinamos la palabra de Dios en el Nuevo Testamento nos convenceremos que Dios ha llamado santos a todos aquellos que han creído en Cristo y lo han aceptado. Esto debido a que una de los importantes sucesos inherentes a la conversión es la santificación. Hechos 16:1 dice: "para que abras sus ojos, para que se conviertan de las tinieblas a la luz, y de la potestad de Satanás a Dios; para que reciban, por la fe que es en mí, perdón de pecados y herencia entre los santificados." Nosotros hemos sido hechos limpios, "ya vosotros estáis limpios por la palabra que os he hablado" (Jn. 15:3). Hemos sido constituidos santos por la palabra de Dios, por la declaración de Dios. Si Dios dice que soy santo no hay diablo que pueda decir que no lo soy y sea digno de ser escuchado. Satanás es mentiroso.

La gente podría decir, bajo su propio criterio que no somos santos; pero si Dios nos ha declarado santos, ¿quiénes son ellos para decir que no lo somos? La santidad no es un asunto del juicio de la gente, es un asunto del punto de vista de Dios.

Soy Santo, Su propiedad exclusiva

*"Y Jehová ha declarado hoy que tú eres pueblo suyo, de su **exclusiva** posesión, como te lo ha prometido, para que guardes todos sus mandamientos;"* - Deuteronomio 26:10

Ser santo significa estar apartado para Dios. Si Dios ha dicho que somos santos significa que Él nos ha hecho limpios y nos ha apartado para que seamos de Él. Un rey ha bajado al pueblo y ha tomado a la cenicienta, una chica pobre e injustamente despreciada, para que fuera su esposa. Envió por ella un carruaje para que la llevasen ante las doncellas para hermosearla y luego presentarla a las bodas con vestiduras dignas y una presencia de reina. Por la sangre de Cristo nosotros hemos sido hechos limpios, hermoseados y dignificados para el Rey de reyes. "Estos son los que han salido de la gran tribulación, y han lavado sus ropas, y las han emblanquecido en la sangre del Cordero" (Ap. 7:14). Nosotros hemos lavado nuestras ropas en su sangre y hermoseados para Dios a fin de que fuésemos de él. "Porque habéis sido comprados por precio;" (1 Cor. 6:20).

Dios ha declarado que nosotros somos pueblo suyo, de su exclusiva posesión. No somos de nosotros mismos, no somos del mundo, no somos de otro; somos de Él, para su alabanza y su gloria. Debemos obediencia al Señor porque Él nos ha separado de entre todos los seres humanos para tener el privilegio de ser de su propiedad exclusiva. Y así como en el matrimonio nosotros somos exclusivamente para nuestra esposa o esposo, así el Señor no admitirá que rindamos honor a nada o nadie más, Él nos cela.

"Porque no te has de inclinar a ningún otro dios, pues Jehová, cuyo nombre es Celoso, Dios celoso es." (Éxodo 34:14). Si alguien no me pertenece no tengo derecho a celarlo, pero si alguien me pertenece entonces sí. Nosotros le pertenecemos a Él y no podemos pecar ni participar de lo malo porque hemos sido separados para Dios. Nada de lo que está escrito en la Biblia es en vano y Santiago dice: "¿O pensáis que la Escritura dice en vano: El Espíritu que él ha hecho morar en nosotros nos anhela celosamente? (Stg. 4:5) Empieza a hablar el Apóstol que a Dios no le gustará que nos amistemos con el mundo y quien se amista con el mundo se constituye enemigo de Dios (Stg. 4:4). Luego sigue diciendo que Dios nos cela.

Josafat, uno de los reyes que buscaron sinceramente a Dios hizo amistad con Ocozías para construir naves que fuesen a Tarsis, pero el Señor envió un profeta que le dijo: "Por cuanto has hecho compañía con Ocozías, Jehová destruirá tus obras" (2 Cro. 22:37). Entonces las naves se quebraron y no pudieron ir a Tarsis. Dios destruirá las obras de todo aquel a quien ha declarado santo y luego se amista con el mundo en lugar de dedicarse al Señor. Dios nos cela porque somos su propiedad, estamos separados para Él.

Estar apartado para Dios significa adorarle y la adoración es dedicación a Dios. Alguien ha dicho que adorar a Dios es declarar lo que Dios es, pero aún los demonios declaran lo que Dios es. Decían de Cristo: "Tú eres el Cristo, el Hijo del Dios viviente". Pero los verdaderos adoradores adoran al Padre en espíritu y en verdad (Jn. 4:23). Conectan su espíritu con el Espíritu del Señor porque son salvos y viven en la verdad del evangelio. Adoración es un concepto amplio que es más dedicación que una simple declaración de la naturaleza de Dios. Y la dedicación es exclusividad. Consagración y dedicación son palabras sinónimas. Soy santo, soy propiedad exclusiva de Dios.

Soy santo. Estoy muerto

"Así también vosotros consideraos muertos al pecado, pero vivos para Dios en Cristo Jesús, Señor nuestro." – Ro. 6:11

El más terrible dragón cuando está muerto hasta una hormiga podrá bailar sobre su cabeza sin temor alguno. Un cadáver no puede moverse, no siente, no se da cuenta de lo que sucede a su alrededor y no se inmuta ante cualquier cambio en el ambiente. No se sobresaltará ante algún sonido ni gritará de dolor al arrojarle un carbón ardiente. Un cadáver es cuerpo muerto, sin vida sin respiración, sin aliento.

Soy santo no puedo pecar porque estoy muerto al pecado. El pecado no es para nosotros, es un campo en el cual nosotros no podemos movernos. Un pez no puede estar fuera del agua, su sistema respiratorio no está hecho para estar fuera del agua. De la misma manera nosotros somos nuevas criaturas, nuestra nueva naturaleza es totalmente incompatible con el pecado. "Todo aquel que permanece en él, no peca;" (1 Jn. 3:6). Y no peca porque está muerto, ha muerto con Cristo.

"Con Cristo estoy juntamente crucificado… (Gal. 2:20)" "Pero los que son de Cristo han crucificado la carne con sus pasiones y deseos" (Gal. 5:24). Después de la declaración de Dios "eres santo" sigue la declaración nuestra: "estoy muerto". Nuestros miembros no pueden servir al pecado porque estoy muerto y un muerto no se mueve. El día que decidimos morir totalmente a nosotros es como si literalmente nos hubiéramos ido de este mundo y estuviéramos vivos únicamente para el Señor. Es imposible que Cristo pueda moverse en un cuerpo vivo para pecar. Cristo únicamente se moverá en un cuerpo muerto a sus pasiones y deseos para ser totalmente movido por Dios. "Ya no vivo yo más Cristo vive en mí…" (Gal. 2:20).

Usualmente nosotros no queremos perder el control de nosotros mismos. Queremos nuestra vida. Pero Cristo dice: "Porque todo el que quiera salvar su vida, la perderá; y todo el que pierda su vida por causa de mí, la hallará" (Mt. 16:25). Hemos nacido en Cristo para morir. Y nuestra muerte es diaria. "Cada día muero…" (1 Cor. 15:31). Si nos queremos aferrar a nuestra vida nos daremos cuenta que en realidad estamos perdiéndola. Es mejor depositar toda nuestra vida a los pies de Cristo y morir a nosotros mismos, morir a nuestros deseos y a todo pecado. Esta es la única manera de hacer práctica la declaración del Señor. Somos santos, tenemos que declararlo y tener plena fe de que esto es realidad para nosotros. Entonces, cuando llega un momento en nuestras vidas que nos rendimos totalmente a Dios entonces Él toma todo el control.

Una crisis severa

"Porque el pecado no se enseñoreará de vosotros; pues no estáis bajo la ley, sino bajo la gracia" – Ro. 6:11

La más terrible crisis que tiene un hombre o mujer que ha nacido de nuevo es cuando está dispuesto a vivir para Dios pero está atorado en el pecado y no puede vivir una vida de santidad. La declaración del Señor acerca de él – que es santo – le hace tener un deseo intenso por llevar una vida limpia delante de Él pero entre más se esfuerza menos logra alcanzar un mejor estado de perfección en su vida particular.

Es indispensable esta crisis, cuando estamos en el cuarto de oración secreta buscando una vida de consagración y nos sentimos rendidos y exhaustos, quizá hasta frustrados. Sin embargo un conocimiento clave es importante: que nosotros hemos sido creados en Cristo Jesús para buenas obras y que estas buenas obras no las haremos nosotros sino las hará Cristo. Cristo en nosotros.

Sabemos que la ley de Dios es buena pero nosotros no podemos cumplirla hasta que, no sólo muramos al pecado sino muramos también a nuestros esfuerzos propios para agradar a Dios. Él no quiere que dependamos de nuestros esfuerzos sino de Él mismo.

El pecado no se enseñorea de nosotros, no nos domina ni nos gobierna. Sin embargo esto no puede suceder en tanto no entendamos que no estamos bajo la ley sino bajo la gracia. Que no es por nuestros méritos que somos santos. No podemos santificarnos a nosotros mismos sino que la santidad viene del Señor. Tantas ocasiones he escuchado… "usted tiene que hacer esto… tiene que dejar esto otro…" pero más bien, tenemos que entender que ese no es el camino. No se trata de obligar a un árbol a madurar sino se trata de cultivarlo. No de obligarnos a nosotros mismos a ser santos, sino dejar que Cristo (que es santo) sea (viva, actúe) *en* nosotros.

Es posible aquí tener una vida de madurez espiritual y no pecar delante de Dios. Algunos piensan que de todos modos somos pecadores y que podemos pecar aún con el pensamiento. Sin embargo no hay sustento bíblico para pensar que somos culpables ante Dios de pecados de los cuales no somos conscientes. Dice 1 Jn. 1:7 "pero si andamos en luz, como él está en luz, tenemos comunión unos con otros, y la sangre de Jesucristo su Hijo nos limpia de todo pecado." Esto es:

1) Si Cristo está en nuestras piernas y pies Cristo no puede caminar sino en luz, nuestras piernas y pies van a la luz. Si Cristo está en nuestras manos, las manos de Cristo expiden luz y dan luz. Si Cristo piensa con nuestra mente, Cristo sólo piensa en términos de luz.

2) Entonces, por consecuencia lógica tendremos comunión los unos con los otros porque Cristo siempre seguirá el camino excelente del amor;

3) Puesto que el mandamiento de Cristo es amarnos los unos a los otros, la ley que el Señor nos ha dejado a todos los creyentes es cumplida y no hay quien pueda acusarnos de pecado (con evidencias) delante de Dios pues la sangre de Jesucristo nos ha hecho limpios de *todo* pecado.

El trabajo de la acusación es un trabajo del diablo, pero el diablo es mentiroso y padre de mentira.

No podemos erradicar nuestra naturaleza pecaminosa dentro de nosotros porque esto sólo se logrará cuando estemos en la presencia del Señor (a lo que se le ha llamado glorificación); pero sí es posible mantener cauterizada esta naturaleza dentro de nosotros. Esto significa que el cristiano que ha muerto al pecado y no depende de sus obras para ser santo sino únicamente de Cristo no es tentado por los apetitos carnales y pasiones desordenadas de nuestra naturaleza pecaminosa, pues ella ha sido neutralizada al actuar Cristo mismo dentro de nosotros. ¡Qué maravillosa verdad! Soy santo, la crisis ha pasado, Cristo vive en mí y Cristo es santo.

4 | SOY LIBRE

La organización de las Naciones Unidas declara en su carta de derechos humanos, artículo primero lo siguiente: "Todos los seres humanos nacen libres e iguales en dignidad y derechos y, dotados como están de razón y conciencia, deben comportarse fraternalmente los unos con los otros." Aun y que los seres humanos en la tierra nacen libres, no se conservan libres debido al pecado, al engaño de satanás y a la ambición de hombres y mujeres corruptos y depravados que son gobernados por las fuerzas del mal.

Dijo Cristo: "Y conoceréis la verdad y la verdad os hará libres" (Jn. 8:32). El diablo, el padre de toda mentira, ha construido fortalezas de mentira en las mentes y corazones de los seres humanos para mantenerles esclavizados. Estas fortalezas son ideas contrarias a la verdad del evangelio.

La verdad del evangelio es nuestra garantía de libertad. Tristemente muchos de nuestros hermanos en el mundo viven desconociendo la verdad. No es *nuestra* verdad. Cristo no vino a mostrar *su* verdad. Cristo mismo es la verdad y conocer al Señor es conocer la verdad. Conocer las Escrituras es conocer a Cristo. "Por tanto, mi pueblo fue llevado cautivo, porque no tuvo conocimiento" (Is.5:13). La falta de conocimiento produce cautividad.

El trabajo del diablo es impedir que la verdad del evangelio penetre y fructifique en los seres humanos. Su trabajo es que no conozcamos la verdad, que no alumbre la luz del evangelio. He visto en mi vida tanta gente atada, no es libre porque no conocen o no han aprendido la verdad. Quizá tienen *información* acerca de la verdad, pero no han aprendido a vivir en la verdad. No vivir en la verdad es vivir en esclavitud.

Satanás, el rey de toda esclavitud, tiene tres estrategias para impedir que vivamos esa libertad gloriosa. Y estas tres estrategias fueron reveladas por el Hijo de Dios en Mateo 13:1-9 y 18-23. Si examinamos estos pasajes concluiremos que básicamente las tres estrategias o maquinaciones satánicas son: 1.- Falta de entendimiento de la palabra de Dios. 2.- La aflicción y persecución por causa de la palabra de Dios. 3.- El afán de este siglo y el engaño de las riquezas.

Abordemos el primer punto. La predicación del evangelio debe ser sencilla y fácil de entender, pero debemos mayormente rogar al Señor que ilumine nuestros entendimientos para que la palabra de Dios sea plenamente entendida. Que nosotros mismos comprendamos la palabra y que sea comprendida por todos es nuestra principal labor. Dar a conocer y hacer comprensible la palabra de Dios al mundo es una de las tareas más importantes de la iglesia, pues de otra manera no puede brillar la verdad de Dios, que es la libertad del mundo. Necesitamos literalmente horas de meditación en la palabra de Dios para que seamos libres. Cuando no entendemos la palabra no le encontramos utilidad en la vida práctica, pero una vez que la hemos comprendido la palabra encuentra en nosotros su enorme valor. Un hombre, dice Jesús... "habiendo hallado una perla preciosa, fue y vendió todo lo que tenía, y la compró" (Mt. 13:46). Eso es lo que sucede con los que entienden la palabra: ellos dan fruto. Esto significa que se producen acciones de fe basadas en la palabra de Dios.

Ahora explicaremos la siguiente estrategia del enemigo: la aflicción y persecución por causa de la palabra de Dios.

Soy libre, he vencido la persecución

"Y también todos los que quieren vivir piadosamente en Cristo Jesús padecerán persecución;" 2 Ti. 3:12.

El respetado ministerio "Voice of the Martirs" reporta que existen en el mundo más de 40 países en donde existe persecución por causa de Cristo. Todo por poseer una Biblia, profesar ser cristiano o compartir la fe de Jesús. No podemos ignorar a millones de personas en el mundo que claman por Cristo en esos países ni mucho menos a todos nuestros valientes hermanos que padecen por salvar su alma en lugares donde literalmente ello significa sacrificar el cuerpo. Ellos son de los que habla también Apocalipsis "Y ellos le han vencido por medio de la sangre del Cordero y de la palabra del testimonio de ellos, y menospreciaron sus vidas hasta la muerte" (Apo. 12:11).

Y no solo ellos, sino todos los que hemos decidido renunciar al pecado y proclamar al Señor en el mundo padecemos persecución de alguna manera. El Espíritu Santo lo declara, que vivir piadosamente implica persecución. En otras palabras, que los que quieran vivir con misericordia para otros, e inclinados a la piedad y al verdadero amor al prójimo padeceremos persecución. Obedecer la palabra de Dios y amar a nuestros hermanos lleva consigo persecución.

Muchos no quieren padecer por la causa del Señor, a fin de obedecerle y compartir de su amor al mundo. Quieren vivir cómodamente y escaparse de ser perseguidos, aun en los mismos círculos cristianos. En una pareja, por ejemplo, puede haber un cristiano que quiere vivir en Cristo y otro que quiere vivir conforme a este mundo; en este caso, quien quiere vivir en Cristo será perseguido por quién no. "Pero como entonces el que había nacido según la carne perseguía al que había nacido según el Espíritu, así también ahora" (Gal 4:29).

Contrariamente a lo que se puede pensar, Cristo da libertad a los cautivos por el diablo aunque por causa de esto Su testigo termine en la cárcel o llorando los malos tratos de alguien cercano. Todo esto son aflicciones temporales, pero la estrategia del diablo no nos privará de nuestra libertad en Cristo. En los tiempos apostólicos los judaizantes pugnaban por que se continuara guardando la ley de Moisés y perseguían a los que habían alcanzado la libertad del Señor. Estos legalistas perseguían a los verdaderos cristianos y querían reducirlos a esclavitud: "y esto a pesar de los falsos hermanos introducidos a escondidas, que entraban para espiar nuestra libertad que tenemos en Cristo Jesús, para reducirnos a esclavitud," (Gal. 2:4). Sin embargo allí mismo el Apóstol declara: "a los cuales ni por un momento accedimos a someternos, para que la verdad del evangelio permaneciese con nosotros" (Gal. 2:5).

Permanecer en la verdad del evangelio implica muchas veces persecución, pero nosotros hemos decidido ser libres. "La libertad del evangelio no está presa" La corriente de este mundo es poderosa, pero más poderoso es Dios quien nos mantendrá firmes y no cederemos ante las presiones de nuestros enemigos. Por el Espíritu Santo Pablo nos dice: "Por tanto, no te avergüences de dar testimonio de nuestro Señor, ni de mí, preso suyo, sino participa de las aflicciones por el evangelio según el poder de Dios," Soy libre, he vencido a la persecución.

Ahora hablaremos, en el resto de este capítulo, de la tercera estrategia del diablo para impedir que la libertad del evangelio sea realidad en nosotros: El afán de este siglo y el engaño de las riquezas.

Soy libre, no soy esclavo de los hombres

"Así tu esclavo como tu esclava que tuvieres, serán de las gentes

que están en vuestro alrededor; de ellos podréis comprar esclavos y esclavas." – Levítico 25:44

Estaba establecido que no hubiera esclavitud en Israel ni tampoco usura (Lv. 25:35-37), ni interés (Dt. 23:19). Nunca fue la voluntad de Dios que su pueblo estuviera endeudado. Por el contrario, Dios establece que entre las bendiciones de la obediencia estaría prestar antes que pedir prestado: "Te abrirá Jehová su buen tesoro, el cielo, para enviar la lluvia a tu tierra en su tiempo, y para bendecir toda obra de tus manos. Y prestarás a muchas naciones, y tú no pedirás prestado" (Dt. 28:12). Por otro lado, una de las maldiciones era que el extranjero (para nosotros el no-cristiano) que estaba en medio de Israel sería el prestamista (Dt. 28:43-44).

Llegado el Jubileo (Lv. 25) todas las deudas eran canceladas y todos eran libres de deudas. Nosotros en Cristo somos libres, Dios nos ha dado libertad. Cristo es nuestro jubileo. Tenemos la mentalidad de cabeza y no de cola. Si usted tiene deudas saldrá de ellas si cree la palabra de Dios.

"Tengo tantos gastos, creo que no podré salir adelante, esto es demasiado para mí" dijo un hombre cargado de deudas mientras estaba sentado en su escritorio con las manos sobre el rostro y sometido a un estrés impresionante. Es típico que en nuestros días existan personas esclavas de las deudas pero esto no es para los hijos de Dios.

Dice la Biblia: "No debáis a nadie nada, sino el amaros unos a otros; porque el que ama al prójimo, ha cumplido la ley" (Ro. 13:8). Pedir prestado a los hombres no sólo es una falta de fe en el Señor como aquel que provee para todas nuestras necesidades económicas sino que nos arrebata la libertad que Él nos ha regalado.

Es cosa común en nuestros días que vivamos con créditos. Sin embargo este no ha sido el deseo original de Dios, porque Él nos ha hecho libres. "Por precio fuisteis comprados; no os hagáis esclavos de los hombres" (1 Cor. 7:23). Con que facilidad decidimos hacernos esclavos de los hombres siendo que Dios nos ha ordenado que no nos hagamos esclavos de ellos. Todo aquel que se endeuda es siervo o esclavo del que le prestó. Dice Proverbios 22:7 "El rico se enseñorea de los pobres, Y el que toma prestado es siervo del que presta." Un siervo podía ser comprado por dinero (Ex. 12:44), el que pide prestado está vendiéndose de alguna manera, está sometiéndose como siervo del que le presta, eso es lo que dice Dios.

La esclavitud a la manera del tiempo antiguo ha desaparecido pero seguirá existiendo el mismo principio de esclavitud en aplicación perpetuamente mientras exista uno que presta y otro que pida prestado. Si actualmente usted tiene deudas recuerde que Dios nos ha hecho libres, por su fe en la palabra de Dios el Señor pronto le libertará y podrá entonces decir: "Soy libre, no soy esclavo de los hombres".

Soy libre, se vivir de acuerdo a lo que tengo

"Sean vuestras costumbres sin avaricia, contentos con lo que tenéis ahora; porque él dijo: No te desampararé, ni te dejaré;"– Hebreos 13:5

La avaricia se define como el deseo desordenado de poseer y adquirir riquezas para atesorarlas. Esta es la madre de los grandes problemas económicos en los seres humanos; y no sólo los económicos, el Espíritu Santo lo dijo ya: "La raíz de todos los males es el amor al dinero".

¿Por qué habremos de adquirir algo que no necesitamos o competir con nuestro vecino en lujos y excesos? No, esto no es libertad, es esclavitud y no es para los hijos de Dios. Más bien debemos ser felices con lo que tenemos ahora y dar gracias a Dios por ello. Esa es la libertad del Señor.

Innumerables veces he escuchado la historia: "queremos dejar un patrimonio para nuestros hijos". Descuidan el cuidado de los niños por el trabajo y terminan destruyéndolo todo.

En alguna ocasión le preguntaron a un hombre de negocios multimillonario: "¿cuánto le gustaría llegar a tener?" su respuesta fue la siguiente: "Sólo un poco más." Es increíble pensar que la fortuna de unos cuantos en la tierra pudiera sobrepasar lo que a países enteros les cuesta producir en productos y servicios en un año entero. Existe la esclavitud física hoy en día y se sabe que millones de niños alrededor del mundo trabajan casi gratuitamente para producir productos que se venden luego en el Wal-Mart o K-Mart por mucho más. Una estadística declaró que más de un 25% de los estadounidenses estarían dispuestos a dejar a su familia o dedicarse por una semana a la prostitución por diez millones de dólares. La ambición por lo material engendra vergüenza.

Una encuesta reciente arrojó que el 34% de los estadounidenses jerarquizaron hacer compras como su pasatiempo favorito. El famoso "Black Friday" ha sido catalogado como el más espantoso día de orgia en adoración al materialismo para una nación en bancarrota. La gente compra productos de muy pobre calidad que no necesita con dinero que no tiene. Dios nos sigue diciendo, nosotros somos libres, ¿Por qué habremos de vivir con el dinero de otros un espejismo de prosperidad? Cristo dijo: "Mirad, y guardaos de toda avaricia; porque la vida del hombre no consiste en la abundancia de los bienes que posee" (Lc. 12:15). En las sociedades materialistas del mundo se predica la filosofía de que la abundancia material es la felicidad, pero esto es totalmente contrario a lo que dice Dios.

Hay algo que hace infructuosa la palabra de Dios y el Señor Jesús lo denunció en Marcos 4:19: "pero los afanes de este siglo, y el engaño de las riquezas, y las codicias de otras cosas, entran y ahogan la palabra, y se hace infructuosa." Pero los que hemos decidido vivir la libertad del Señor no nos dejaremos engañar por el engaño de las riquezas sino que diremos con propiedad: ¡Soy libre! ¡Se vivir de acuerdo a lo que tengo ahora!

Soy libre, el Señor me mantiene

"Mirad las aves del cielo, que no siembran, ni siegan, ni recogen en graneros; y vuestro Padre celestial las alimenta. ¿No valéis vosotros mucho más que ellas?" – Mateo 6:26

Cuando hice mi segundo viaje misionero a Europa un espíritu malo enviado de Satanás me decía, "te vas a morir, no tienes recursos, caerás postrado en el la nieve." Pero el diablo es mentiroso y padre de mentira, porque el Señor ha prometido sostenernos y proveernos todo lo necesario para la vida humana. En esa ocasión, no solo no se cumplió lo que ese emisario del mal profetizaba sino que volví a América con gran victoria y cumplí con todos mis compromisos económicos sin tener que pedir jamás a hombre alguno un centavo; ese es uno de innumerables testimonios.

Todo cristiano debe entender que el Señor no quiere que vivamos en la miseria ni que carezcamos de lo más indispensable. Somos libres, el Señor nos mantiene. De un vistazo a la vida de Elías tisbita. Hubo un tiempo que estuvo en un lugar apartado, por orden divina. Después de dar una palabra de Dios al rey Acab, que no llovería sobre Israel como señal de juicio, Dios le mandó esconderse en el arroyo de Querit. Allí el Todopoderoso lo sustentó enviándole cuervos para alimentarlo. Luego que el arroyo se secó porque no llovía, Dios le envió a una viuda pobre para sustentarlo, a él, a la viuda y al hijo de ella. Si la viuda no hubiera creído en el Señor ella hubiera muerto de hambre con su hijo, pero vivió porque dio de su pan al profeta primero que a ellos.

Dios nos ha dado el privilegio del trabajo, pero no debemos ver el trabajo como autosuficiencia, es mejor confiar plenamente en el Señor. La Biblia registra muchos casos de entre sus siervos que no trabajaron para los hombres sino para Él exclusivamente y el Señor los mantuvo. Elías estaba en la presencia de Dios y eso era la garantía de su victoria, Dios lo mantuvo siempre y lo sigue manteniendo.

Algunos se quejan por no tener lujos y argumentan ante Dios. No sé si justificar como ignorancia su torpeza, porque la Biblia dice claramente que siempre estemos agradecidos con Él (Ef. 5:20; Col. 3:17; 1 Ts. 5:18); que estemos contentos con el sustento y abrigo que Él nos da (1 Ti. 6:8). No quiere Dios que vivamos en esta tierra como si nos habremos de quedar aquí por siempre. Somos extranjeros y peregrinos, no nos encariñemos demasiado por las cosas de aquí, ni tengamos ambiciones superfluas.

Los fariseos estaban enojados porque el Señor Jesucristo profetizaba que el templo seria derribado y reedificado en tres días (Jn. 2:18-22). Muchos hacían del templo un dios. De esta manera en nuestros días muchos hacen de las cosas materiales un dios. Pero nosotros sabemos que somos libres, que no estamos atados a esta tierra, en el momento que Dios nos llame estaremos listos. No dejamos deudas ni una estela de vergüenza por causa de las cosas materiales.

Abraham mismo, aun y tener tantas riquezas, Dios no le permitió comprar heredades y propiedades sino el reducido terreno de su sepultura. Hebreos 11:9 nos dice: "Por la fe habitó como extranjero en la tierra prometida como en tierra ajena, morando en tiendas con Isaac y Jacob, coherederos de la misma promesa;" Nosotros también debiéramos seguir el ejemplo de Abraham, no procurar tanto las cosas de la tierra –poned la mira en las cosas de arriba y no en las de la tierra (Col. 3:1) – y confiar que día a día Dios nos mantendrá con lo suficiente y que no tendremos necesidad de nada. Esa es verdadera libertad, aprendamos a ser libres. Aprendamos a vivir libres. Quizá al estar leyendo este libro esté al lado de una ventana o al aire libre. Observe las aves, medite en ellas, observe su libertad y diga: "Soy libre, el señor me ha hecho libre."

5 SOY FUERTE

Basados en la palabra de Dios nosotros avanzamos en acciones de fe y la fe es gozo y el gozo por la fe es la fortaleza del Cristiano; "porque el gozo de Jehová es vuestra fuerza" (Neh. 8:10). La senda del justo es una senda de fe y de gozo; gozo, la consecuencia de la fe. Es una fuerza interior que excede lo natural, una fuerza que viene del trono de Dios, del Todopoderoso.

"El camino de Jehová es fortaleza al perfecto..." (Prov. 10:29). Nuestro camino en Cristo no es un camino de debilidad sino de fortaleza, un camino de paso poderoso. Vamos conquistando, arrebatando al diablo lo que robó a Jesús, destruyendo con nuestros pies las obras de las tinieblas y todas las altiveces y prisiones del diablo. Fortalezas satánicas, que son argumentos o ideas contrarias a la ley de Dios y de derrota son destruidas por el libre correr de la palabra de Dios y el Espíritu Santo que da el crecimiento de la semilla de Dios implantada.

Jamás un hijo o hija de Dios debe declararse débil porque Dios nos ha dicho que somos fuertes. "diga el débil: Fuerte soy" (Joel 3:10). Por lo tanto decimos lo que Dios dice que digamos acerca de nosotros mismos. Nuestra fortaleza proviene del Señor, Él es la fuente de nuestra fuerza.

Cuando era niño me gustó ver una serie de dibujos animados de un hombre alado que era fortalecido cada vez que se acercaba al sol. De la misma manera nuestra fuerza es mantenernos cerca del Señor. Unidos al Señor como la ramas de la vid. Como Cristo fortaleció a Pablo (1 Ti. 1:12) así Él nos fortalece a nosotros; y nos mantendremos fuertes en tanto nos mantengamos unidos a Él.

Como Cristo, que cuando tocó a Daniel le fortaleció (Dn. 10:18) así el toque del Señor nos da fuerza para volvernos contra nuestros enemigos y vencer. Luego, cansados (de momento, si de pronto fuere natural), más todavía persiguiendo" (Jue 8:4). Nuestras fuerzas son renovadas en el Señor. El antídoto para tener más fuerza: que aunque cansados todavía continuemos, confiando que el Señor continua dándonos de la fuerza de su resurrección.

En este capítulo hablaremos de los dos aspectos más importantes de la fuerza. La fuerza emocional o anímica y la fuerza física. Puesto que somos soldados de Cristo el mismo Señor hará que mantengamos nuestra fuerza para que hagamos su labor en la tierra. Esta escrito: Soy fuerte! Y si del leviatán dice: "Su corazón es firme como una piedra, y fuerte como la muela de abajo" (Job. 41:24). ¿Que no se podrá decir de los que esperamos en Cristo?

Soy fuerte, he puesto en Él toda mi fuerza

"Bienaventurado el hombre que tiene en ti sus fuerzas, En cuyo corazón están tus caminos" – Salmos 84:5.

Los hombres y mujeres de la tierra se enorgullecen y se alaban en su fortaleza, en su fuerza física, su sabiduría, su influencia, sus riquezas. En medio de entusiastas discursos hombres poderosos han desafiado a Dios mismo, se han declarado independientes y autosuficientes. Karl Marx y su famosa frase: "La religión es el opio de los pueblos" fue uno de ellos, quien además profetizó profecías que han demostrado su entera falsedad en una sociedad libre. Ernesto Hemingway, premio nobel de literatura, quizá envalentonado por su éxito como escritor declara: "Todos los hombres pensantes son ateos". Ernesto murió por su propia mano en 1961. Friedrich

Nietzsche, el famoso filósofo y filológico alemán pone en la boca de uno de sus personajes: "Dios está muerto". Pero más bien Él es quien está muerto, nuestro Cristo está vivo, Dios está vivo y porque Él vive es que todo tiene vida. Los científicos se preguntan de dónde es que viene la fuerza del átomo, nosotros no nos hacemos esos cuestionamientos necios, todo la fuerza, toda la vida proviene del Señor. Existen once sistemas que trabajan milagrosamente en harmonía para crear homeostasis en el cuerpo humano y todo se mueve en maravillosa inteligencia, ¿Quién lo mueve? Quien mantiene todas las cosas es Cristo mismo: "… y todas las cosas en Él subsisten" (Col. 1:17; Heb. 2:10).

La fuerza proviene del Señor, quien reconoce esto está en el camino correcto. Pero quien deposita sus fuerzas en el Señor ha tomado una decisión aún mejor. Aquellos que dependen de Dios para tener fuerza tienen garantía de victoria. David mismo, el escritor de este salmo, cuando estaba en gran angustia al ver a Siclag ardiendo en fuego y sus mujeres e hijos en manos de los Amalecitas (1 Sam 30) se fortaleció en Dios. "Y David se angustió mucho, porque el pueblo hablaba de apedrearlo, pues todo el pueblo estaba en amargura de alma, cada uno por sus hijos y por sus hijas; mas David se fortaleció en Jehová su Dios" (1 Sam. 30:6).

Depositar en Cristo nuestra fuerza es dependencia total. No se trata de los medios humanos ni lo meramente natural, se trata de la fuerza de Dios llevándonos en los brazos. "Es mejor lo poco del justo que la abundancia de muchos pecadores". Es mejor trescientos cantaros y trescientas teas encendidas en manos de trescientos hombres escogidos por Dios que un ejército de cientos de miles. "Son demasiados" dijo Dios. Como si dijera: Es demasiado dinero, es demasiada sabiduría, es demasiado programa, es demasiada ingeniería, es demasiada ciencia. Dios quiere la gloria. Aquellos trescientos hombres fueron elegidos por Dios por estar más ansiosos por obedecer las órdenes del Jehová que no les importó quedarse con sed. Confiaron en Él aun para satisfacer su sed física. Hoy Dios busca gente que dependa de Él, que sean fuertes tan sólo en Él. No es talentos de hombres o mujeres lo que Dios busca; busca corazones humillados que digan: Soy fuerte, he puesto toda mi fuerza en mi Señor.

Soy fuerte, tengo fuerzas de búfalo

"Pero tú aumentarás mis fuerzas como las del búfalo; Seré ungido con aceite fresco." –Sal.92:10

El búfalo es uno de los cinco animales más peligrosos del mundo debido a su fuerza descomunal y braveza. Es tan peligroso para el ser humano que jamás ha podido ser domesticado a acepción del alguno en el Asia. Sus características son excepcionales, pero lo más impresionante es su fuerza. Puede cargar cinco veces más peso que un buey y correr hasta 40 millas por hora (64 km/hr).

Usain Bolt, el hombre más rápido en la historia pudo correr en 2012, en Londres, 23 mph. Pensemos ahora en la fuerza que el búfalo, con sus 2,000 libras de peso, tiene que imprimir para correr a tres veces la velocidad de Bolt luchando con su gran peso y con la resistencia del viento, mucho mayor debido a su voluminoso cuerpo.

Dios utiliza ese animal para describir la fuerza de sus hijos ungidos en Cristo. En Cristo tenemos fuerzas de búfalo, nuestra fuerza física y resistencia en el Señor es, si tomamos esta referencia, varias veces mayor a la de un hombre común. Sansón, el hombre más fuerte físicamente que ha existido es un testimonio de la fuerza que da la unción de Dios. Dice de Él: "Y el Espíritu de Jehová vino sobre Sansón, quien despedazó al león como quien despedaza un cabrito, sin tener nada en su mano;" (Jue. 14:6). David, el ungido del Señor debido a la misma unción de Dios hacía lo mismo... dice a Saúl: "Tu siervo era pastor de las ovejas de su padre; y cuando venía un león, o un oso, y tomaba algún cordero de la manada,[35] salía yo tras él, y lo hería, y lo libraba de su boca; y si se levantaba contra mí, yo le echaba mano de la quijada, y lo hería y lo mataba" (1 Sam. 17:35-36).

Nosotros tenemos la unción del Santo (1 Jn. 2:20), es decir, la unción de Cristo mismo para destrozar lo hecho por el diablo; pues lo hizo ilegalmente, en abierta rebeldía contra su Creador. Esta fuerza incluye la fuerza física, la fuerza espiritual y la fuerza emocional. Es un error declarar que somos débiles, porque un ser humano que vive únicamente en la carne es débil (Mc. 14:38), pero nosotros viviendo en el Espíritu somos fuertes y la "vida de Cristo se manifiesta en nuestra carne mortal". Dice el Espíritu que vivir conforme la carne produce muerte (Ro. 8:13) pero de nosotros dice que "vivificará también vuestros (*nuestros*) cuerpos mortales por el mismo Espíritu que mora en vosotros (*nosotros*)" (Ro. 8:11). Dios dice que somos fuertes, que somos ungidos y tenemos las fuerzas del búfalo debido a esa unción. La unción es la santidad que hemos recibido de Dios. Es también una gracia especial, una fortaleza desde el cielo que hemos recibido del gran Yo Soy. Declare hoy "soy fuerte, tengo fuerzas de búfalo." Si Dios ha dicho que tengo fuerzas de búfalo, es natural que lo crea y que Dios mantenga así los efectos de su palabra en mí. Usted diga lo mismo.

Soy fuerte, mi fuerza es multiplicada

"El da esfuerzo al cansado, y multiplica las fuerzas al que no tiene ningunas." –Isaías 40:29

El mismo Señor Jesucristo estuvo cansado cuando llegó al pozo de Jacob. "Y estaba allí el pozo de Jacob. Entonces Jesús, cansado del camino, se sentó así junto al pozo" (Jn. 4:6). Es bueno cansarse haciendo lo bueno, cansarse haciendo la obra de Dios sobre la tierra. La naturaleza humana implica el cansancio físico, por ello la necesidad del descanso del sueño. El descanso del sueño es tan importante que una persona que no duerme podría morir después de más de diez días sin descansar. El cuerpo humano necesita repararse, las funciones del cuerpo son reactivadas y así la concentración, motivación y percepción puedan renovarse en nosotros cada mañana. "Las misericordias de Dios son nuevas cada mañana."

Hay por el otro lado quienes se cansan haciendo lo malo, se cansan por el pecado. Atados a los vicios o a prácticas sucias que no pueden detener se desvelan y no pueden dormir. Dios nos ha dado la gran dicha de ser santos y vivir así la vida del Señor en nosotros. Pero aunque cansados seguimos fuertes y, en nuestro cansancio, Cristo multiplica nuestras fuerzas. Cuando no han quedado ningunas ya el Señor multiplica el cero, nos da una extra-fuerza para terminar.

Las Escrituras nos dicen de Dodo, que "se levantó e hirió a los filisteos hasta que su mano se cansó, y quedó pegada a su mano a la espada..." (2 Sam. 23:10). Dios le dio fuerza; tanta que, aunque estaría tentado a detenerse, no paró hasta que hubo terminado con los filisteos, y su mano se pegó a la espada. ¡Qué tanto esfuerzo tuvo que imprimir este hombre ungido de Dios! Nosotros como Dodo, seguimos luchando y en nuestro cansancio, Dios renueva nuestras fuerzas. Descansamos cuando hay oportunidad pero nos levantamos para continuar luchando fuerte porque somos fuertes, Dios multiplica nuestras fuerzas.

Esaú, cuando estuvo cansado buscó las cosas de la carne, y menospreció la palabra de Dios. Más los que confiamos en el Señor, vamos al Maestro, al que Jehová el Señor ha dado lengua de sabios, para saber hablar palabras al cansado; (*y así*) despertará mañana tras mañana..." (Is. 50:4).

Nosotros podemos decir que estamos cansados. Después de un largo de día de servir a mi Señor podremos *sentirnos* cansados, pero Dios dice: "No habrá entre ellos cansado, ni quien tropiece..." Y aun durante la noche su diestra está con nosotros. En ocasiones Él mismo nos despierta, como despertó a Samuel, y el Espíritu nos dice: "Derrama como agua tu corazón ante la presencia del Señor; Alza tus manos a él implorando la vida de tus pequeñitos, Que desfallecen de hambre en las entradas de todas las calles" (Lam. 2:19). Y qué importa que no hallamos descansado todo lo que dicen que se deba descansar, pues Él es quien da fuerza al cansado. No es el descanso del sueño lo que multiplica nuestras fuerzas, es Cristo.

Soy fuerte aun en la vejez

"Aun en la vejez fructificarán; Estarán vigorosos y verdes," – Salmos 92:14

Daniel daba gracias a Dios porque le había dado sabiduría y fuerza (Dn. 2:23). Sobrevivió a los reinados de tres reyes y llegó al término de la cautividad babilónica, 70 años (Dn. 9:2). Seguramente Daniel hubo tenido alrededor de 90 años cuando tuvo las visiones de los últimos tiempos, todavía en pie y administrando los negocios del reino más poderoso de la tierra en ese entonces (Dn. 8:27). Dios le sostuvo y aún en la vejez estuvo dando fruto para su gloria. Seguía dando gracias al Señor porque le había dado sabiduría y fuerza. Tuvo enfermedades pero siempre convaleció. Jehová le sanó. Nosotros ahora en Cristo somos como Daniel, llenos de la fuerza del Señor aun en la vejez. Es un error decir que con la vejez nosotros vamos menguando porque la Biblia dice: "Aun en la vejez estarán vigorosos y verdes..." Es un error decir que nuestra vida va hacia abajo cuando dice la Biblia que "la senda del justo es como la luz de la aurora, que va en aumento hasta que el día es perfecto" (Prov. 4:18). Si decimos que es natural que el cuerpo se vaya debilitando con el tiempo, debemos recordar que nosotros no vivimos en lo natural sino en lo sobrenatural. Estudios por la universidad de Harvard y otras universidades han demostrado que un hombre que se mantiene en un apropiado programa de ejercicio revierte mucho de las consecuencias naturales de la edad y aún podría mantener su misma fuerza hasta los 80 años. Esto es en lo natural, pero Dios dice: Aun en la vejez fructificarán, estarán vigorosos y verdes. "Soy fuerte, aun en la vejez", esta no es una frase ilusoria, es fe en Dios, es poder de Dios. Fuerza que viene del cielo. Nuestro corazón es fortalecido como el corazón del leviatán.

¿Cómo es posible que Dios le ordenara a un hombre de ciento veintitrés años que suba a un monte de 4,780 pies (1457 m) para morir allá? "Y subió el sacerdote Aarón al monte de Hor, conforme al dicho de Jehová, y allí murió a los cuarenta años de la salida de los hijos de Israel de la tierra de Egipto, en el mes quinto, en el primero del mes.[39] Era Aarón de edad de ciento veintitrés años, cuando murió en el monte de Hor" (Nm. 33:38,39). ¿Qué clase de fuerza tenía este hombre? Lo mismo sucedió con Moisés, Dios le ordenó subir al monte Nebo donde murió. Un hombre de ciento veinte años que sube una montaña de 2,680 pies (817 m) para morir con la dignidad de una gran fuerza. "Era Moisés de ciento veinte años cuando murió; sus ojos nunca se oscurecieron, ni perdió su vigor" (Dt. 34:7). Dios cumple su palabra a todo aquel que le cree. Caleb hijo de Jefone tuvo la misma fuerza de los 40 al menos hasta los 85 años (Jos. 14:10-11). Salió entonces y mató a los gigantes que había en la tierra y Dios le dio lo que le había prometido. El sacerdote Joiada vivió hasta los ciento treinta años, luego que hubo envejecido (2 Cro.24:15). El Espíritu Santo habla de que Abraham era un hombre de cien años (Gn. 17:17) mientras que de Barzilai dice: "era muy anciano, de ochenta años" (2 S. 19:32). Dios hace diferencia entre el hombre y el anciano independientemente de la edad. Lo mismo sucede con la mujer. Concluimos que todo hombre o mujer de fe se mantendrá vigoroso(a) si cree de todo corazón la palabra de Dios y la confiesa con sus labios. Si usted cree al Señor y a su palabra de Dios usted puede decir: "Soy fuerte aun en la vejez y si mantengo la fe de Abraham seré un hombre de cien años."

Dios coloca en una mayor posición de fortaleza a los que esperan en Él que a los muchachos y jóvenes. Ellos se fatigan y se cansan, pero los que esperamos en el Señor tenemos nuevas fuerzas, levantamos alas como las águilas, corremos y no nos cansamos, caminamos y no nos fatigamos. Esa es la promesa poderosa que vivimos en Él (Is. 40:29-31).

6 SOY INTELIGENTE

Existen varias teorías en cuanto a la inteligencia, su definición y sus tipos. Algunos como Howard Gardner de la Universidad de Harvard hablan de siete inteligencias: Lingüística (utilizar las palabras efectivamente tanto escrita como oralmente); lógico-matemática: pensamiento en números y problemas lógicos; espacial (explorador, capacidad de transformar); corporal-kinésica (usar todo el cuerpo para expresar ideas y sentimientos); musical; interpersonal e intrapersonal (conocimiento de sí mismo, estados de ánimo, y capacidad de autodisciplina y autoestima).

Otros identifican otras inteligencias más: naturalista, emocional y espiritual. Todo ello tiene cierto valor humano, sin embargo cuando el Señor da inteligencia siempre tiene un propósito para Él mismo. Evidentemente hay quienes tienen cierta predisposición de desarrollo. La historia registra hombres y mujeres identificados como genios, los que nacieron con capacidades superiores al promedio. Pero para el cristiano su inteligencia genial nace cuando viene al Señor. No por ser geniales es que venimos al Señor sino que somos geniales después de que hemos venido a Él.

Dice 1 Cor. 1:26 "Pues mirad, hermanos, vuestra vocación, que no sois muchos sabios según la carne, ni muchos poderosos, ni muchos nobles;". Entre los hijos de Dios no hay tantos que tengan grandes cualidades delante de los hombres después de todo, antes de venir a Cristo. Sin embargo, no por ello debemos conformarnos, porque la Biblia dice que tenemos inteligencia en abundancia. Efesios 1:7-8 dice: "en quien (*en Cristo*) tenemos redención por su sangre, el perdón de pecados según las riquezas de su gracia, que hizo sobreabundar para con nosotros en toda sabiduría e inteligencia."

Dios dice claramente que somos inteligentes desde que nuestros pecados fueron perdonados por su bendita gracia. Desde ese momento Él nos hizo inteligentes. La inteligencia, su naturaleza y sobre todo cómo incrementarla ha sido estudiada desde tiempos inmemoriales pero Dios lo resumió todo en Cristo.

El Señor Jesucristo fue admirado por su gran inteligencia. Los fariseos y saduceos; los escribas y todos sus enemigos jamás pudieron resistir su genialidad. Sus respuestas fueron geniales, las que jamás se habían dado en la historia del mundo. Nosotros tenemos lo de Cristo, somos inteligentes por Él. Las escrituras hablan de Bezaleel: "y lo he llenado del Espíritu de Dios, en sabiduría y en inteligencia, en ciencia y en todo arte," (Éx. 31:3). El Espíritu de Dios ha llenado también a nosotros de inteligencia, y nos ha hecho sobreabundar en ella por causa del perdón de nuestros pecados.

Es verdad que "en los ancianos está la sabiduría, y en la larga edad la inteligencia" (Job 12:12); pero David, por causa de la unción que recibió del Señor dijo también: "más que los viejos he entendido, porque he guardado tus mandamientos" (Sal. 119:100). Por causa del Señor nosotros podemos decir: "Soy inteligente en Cristo".

Soy inteligente según Dios

Se dice que hubo en un avión con sólo cuatro tripulantes una falla mecánica que haría se estrellara sin remedio. Los tripulantes eran: El capitán, un genio de las computadoras, un niño *boy scout* y un ministro evangélico. El capitán salió de la cabina, explicó el grave problema en el artefacto y añadió: "Sólo tenemos tres paracaídas y yo voy a tomar uno porque tengo seis hijos y una esposa que mantener". Después de saltar, el genio de las computadoras dijo: "yo voy a tomar otro paracaídas, porque soy el hombre más inteligente del mundo y el mundo me necesita". Luego, al quedar solos el *boy scout* y el ministro evangélico, el ministro dijo tristemente al muchacho: "Hijo, toma tú el otro paracaídas, yo soy viejo y tú eres joven, he tenido muchos éxitos en la vida y tú apenas vas empezando. Yo me quedaré aquí y caeré junto con el avión." El niño *boy scout* respondió y dijo: "Tranquilo señor Reverendo, el hombre más inteligente del mundo acaba de tomar mi mochila y saltó".

La comunidad científica, los círculos intelectuales y todas las sociedades llamadas desarrolladas claman tener una inteligencia superior al resto. Estas personas, debaten sobre las definiciones de inteligencia. Hablan que es la capacidad para entender ideas complejas, razonar, planear, razonar abstractamente, resolver problemas y aprender de la experiencia. Otros simplemente la definen como la velocidad del desarrollo de las funciones mentales. Pero Dios dice que la inteligencia es seguir sus mandamientos: "Guardadlos, pues, y ponedlos por obra; porque esta es vuestra sabiduría y vuestra inteligencia ante los ojos de los pueblos, los cuales oirán todos estos estatutos, y dirán: Ciertamente pueblo sabio y entendido, nación grande es esta" (Dt. 4:6).

Una persona que sabe y hace los mandamientos del Señor ésta es inteligente, tiene la inteligencia según Dios. Nuestro Dios es consejero, muchos que se han proclamado inteligentes han sufrido muchos dolores porque no conocieron a Dios ni obedecieron el consejo inteligente del Señor. Nicola Tesla, un hombre conocido como el santo patrón de la electricidad moderna. Genial inventor que emigró de Croacia a los Estados Unidos en 1884. Después de todo lo que hizo y sus reconocimientos y grandes luchas con el mismo Tomas Alba Edison, murió solo en un hotel de Nueva York sin un centavo en el bolsillo. Muchas historias tristes como estas existen, por ello si acaso no hallamos nacido con una genialidad o inteligencia sobresaliente según el mundo, crea a Dios: la inteligencia es guardar los mandamientos del Señor.

El mismo Salomón, al final de su discurso dijo: "Teme a Dios, y guarda sus mandamientos; porque esto es el todo del hombre" (Ecl. 12:13). Como el reverendo de la ilustración al final aventajaremos a los más inteligentes según el mundo porque hemos seguido la definición de Dios. Soy inteligente según Dios.

Mi inteligencia es integral y más valiosa que el oro

*"**Mejor** es adquirir sabiduría que oro preciado; Y adquirir inteligencia vale más que la plata."* – Proverbios 16:16

La inteligencia es más valiosa que la plata, más valiosa que el dinero. ¿Cuántas veces hemos visto la veracidad práctica de este proverbio? Lo hemos visto, que el hombre utiliza inteligencia para ganar dinero pero termina perdiéndose. Muchos han perdido la vida por unas cuantas monedas. El mismo Judas Iscariote, hombre de Dios que echó fuera demonios y sanó enfermos, vendió al Señor Jesucristo por 30 piezas de plata. Balaam, verdadero profeta de Dios, cayó en el juego de vender el evangelio y terminó muerto (Nm 31:8). Así en nuestros días muchos niegan al Señor por ganar unas cuantas migajas de dinero extra, esto es porque les ha faltado la inteligencia de Dios.

He visto en la vida muchos que son pobres según el mundo pero tienen la inteligencia del Señor. Quizá no tienen la inteligencia para hacer dinero pero tienen la inteligencia más importante, la que es más valiosa que la plata. El mundo no aprecia la inteligencia de los hijos de Dios, y aún otros cristianos igualan la inteligencia del mundo con la inteligencia que da Dios, pero no tiene ningún comparativo. La inteligencia que otorga Dios a sus hijos es superior. ¿Por qué digo que es superior? Porque los hijos de Dios somos inteligentes en todas las inteligencias.

He escuchado casos de jóvenes que se han destacado entre los demás a causa de su dedicación al Señor. Porque hacer los mandamientos del Señor da inteligencia. La inteligencia que da Dios es más valiosa que la plata. Bill Gothard, destacado educador cristiano, cuenta en la historia de su vida que era un muchacho muy retrasado en su aprovechamiento académico, pero luego que empezó a memorizar las Escrituras su aprovechamiento mejoró tanto que llegó a ser uno de los mejores estudiantes de toda la nación (Estados Unidos).

Cierto es que la palabra de Dios hace que una persona mejore enormemente en su capacidad intelectual, sin embargo, cuando Dios dice que Él nos ha hecho abundar en *toda* sabiduría e inteligencia, claramente está diciendo que se trata de una inteligencia integral. Una que va más allá de la mera genialidad y alcances humanos. "El hombre espiritual juzga todas las cosas..." (1 Cor. 2:15) *Anakrino*, palabra griega que Reina Valera traduce como "juzga" significa discernir, y en adjetivo escrutinio (examen y averiguación exacta y diligente para tener buen juicio). El hombre espiritual por tanto tiene la capacidad de ver todos los aspectos y todas las inteligencias implícitas en un asunto, sabe discernir, encuentra diligentemente todos los aspectos, su averiguación es exacta, sus juicios son atinados. Muchos asuntos tienen que ver con lo espiritual, otros con lo terrenal, el hombre o mujer espiritual ve el panorama de Dios. "Está sentado en los lugares celestiales con Cristo" y Cristo le aconseja. Acomoda lo espiritual a los espiritual (1 Cor. 2:13). Abigail fue una mujer de razonamiento superior, razonamiento de Dios, de la que David dijo: "Bendito sea Jehová Dios de Israel, que te envió para que hoy me encontrases.[33] Y bendito sea tu razonamiento, y bendita tú, que me has estorbado hoy de ir a derramar sangre, y a vengarme por mi propia mano." (1 S. 25:32-33). Ella vio el cuadro completo, cosa que su marido, un hombre rico, seguramente con gran inteligencia para los negocios, no pudo ver porque tuvo una pobre inteligencia integral. Dios dice lo que soy, soy inteligente en toda inteligencia, con una inteligencia integral.

El espíritu del Espíritu

"De tus mandamientos he adquirido inteligencia; Por tanto, he aborrecido todo camino de mentira." – Salmos 119:104

Hemos hablado un poco de la inteligencia integral. Pues mientras que los investigadores del M.I.T. primero hablaron de seis inteligencias en los 90's, y luego un profesor de Harvard y director del proyecto cero habla de siete; mientras que psicólogos renombrados han publicado libros de inteligencia naturalista o emocional; Dios, hace casi dos mil años, nos reveló que nosotros, la iglesia, tenemos en Cristo una inteligencia integral.

Y el espíritu de esta inteligencia es la verdad. La base y parte medular de nuestra inteligencia es la verdad de Dios. Uno de los nombres del Espíritu Santo es el Espíritu de verdad (Jn. 14:17; Jn. 15:26; Jn. 16:13). Por lo que todo hombre y mujer de Dios lleno de la inteligencia del Señor habla la verdad únicamente. Nosotros tenemos el Espíritu de verdad y hablamos la verdad. He escuchado conferencistas que imparten una combinación de verdad con mentira. Otros envanecidos por el conocimiento ("el conocimiento envanece, pero el amor edifica") predican datos falsos y citas inexactas. Otros se atreven a torcer las Escrituras y enseñar un evangelio humano y no el que está estrictamente escrito en la Biblia. "Tenemos la palabra profética más segura" (2 P. 1:19). "No se conforman a las sanas palabras de nuestro Señor Jesucristo" (1 Ti. 6:3) y estudian pensamientos de hombres, y de ello se jactan. Hay pensamientos que confirman la Palabra, pero hay otros que dificultan o entorpecen la verdad. Nosotros elegimos todo lo que confirma la palabra de Dios y pueda ser útil para engrandecer el reino de Dios.

Jeffrey Bell es el director de uno de los Seminarios Teológicos en que estudié. Un maravilloso lugar localizado en los bosques de

Maine. En una ocasión, recuerdo, cuando nuestro director dirigía por la mañana unas palabras al alumnado habló de las reglas de la escuela. "Capten el espíritu de la regla antes que la regla misma," nos decía. Esas palabras que escuché hace ya muchos años quedaron en mi corazón. De la misma manera cada pasaje de las Escrituras tiene espíritu. Cristo lo dijo: "El espíritu es el que da vida; la carne para nada aprovecha; las palabras que yo os he hablado son espíritu y son vida." (Juan 6:63). El espíritu de las Palabras de Cristo y del Espíritu Santo es la verdad práctica.

Cada vez que escucho un predicador que predica conceptos que no pueden demostrarse por las Escrituras me incomodo en mi asiento. "¡Cómo puede enseñar algo que no concuerda con las palabras del Espíritu Santo!" – digo en mis adentros. Pero el evangelio no es sólo conceptos, se trata del espíritu del concepto. Por ejemplo, escuché una predicación en este tenor: "Ve y pide perdón al que ofendiste, si no te perdona, ese ya no es tu problema". Pero eso no es el espíritu de la palabra de Dios. El espíritu de la palabra de Dios (Mateo 18) es la reconciliación, la harmonía, el amor sincero. Que nosotros vamos a orar insistentemente primero al Señor que nos ayude a restaurar la harmonía y comunión con nuestro hermano (a). Percibir y practicar la verdad, el espíritu del Espíritu es el despliegue de la inteligencia integral que tenemos en Cristo.

Diez veces superior

*"En todo asunto de sabiduría e inteligencia que el rey les consultó, los halló **diez veces** mejores que todos los magos y astrólogos que había en todo su reino."* – Daniel 1:20.

La Biblia registra a Daniel y sus amigos como gente sobresaliente debido a su decisión de consagración al Señor. Nosotros en Cristo hemos sido dotados con abundante inteligencia en todas las inteligencias según lo rebela el Espíritu Santo en Efesios 1. Tenemos una inteligencia integral. Dice la palabra de Dios que nosotros tenemos la mente de Cristo (1 Cor. 2:16). La mente de Cristo es una mente espiritual, una mente totalmente leal al Padre. El hombre espiritual entiende las cosas, juzga, discierne, tiene un espíritu de escrutinio, de profunda investigación; de búsqueda incansable de la verdad. La verdad está contenida en Cristo.

La inteligencia del hombre y mujer de Dios trasciende. Es por ello natural que muchos de los aquellos que han traído grandes ventajas a la humanidad han sido hombres y mujeres temerosos de Dios. Johannes Gutenberg, el inventor de la imprenta era uno de ellos, y su primer libro en publicar en su nuevo artefacto fue la Biblia. Que no decir de Martin Lutero, que trajo un despertamiento social sin precedentes. Galileo Galilei, que sacudió el mundo de la ciencia. Oliver Cromwell, aquel inglés luchador de causas sociales, cuyo espíritu despertó después de su conversión a Cristo en los 1630's. George Frideric Handel, notable músico, etc.

Cierto es que el mundo está plagado de hombres y mujeres que con su inteligencia fundamentada en el Señor han dado a este mundo luz y preservación. Cristo despierta con su Espíritu los sentidos de la inteligencia y nuestra inteligencia excede a la de los más grandes científicos y pensadores que la historia ha conocido porque nosotros tenemos la mente de Cristo. La historia también registra el triste fin de muchos grandes pensadores que con todo y sus grandes capacidades intelectuales, acabaron en el suicidio, la homosexualidad, la miseria y la locura. Pero todo hijo de Dios tiene buen entendimiento porque dice Dios: "Buen entendimiento tienen todos los que practican sus mandamientos" (Sal. 111:10). Y nuestro entendimiento es superior al de los genios de babilonia, que representa el sistema mundano. Quizá ellos puedan resolver una ecuación compleja en las matemáticas o la economía, pero el cristiano toma su inteligencia de la mente de Cristo, una mente santa. Nabucodonosor encontró diez veces superior a los jóvenes hebreos, al final de todo su análisis. Dice la Biblia que nosotros habremos de juzgar a los ángeles (1 Cor. 6:3), esa es la capacidad que tenemos en Cristo.

Quizá diez veces superior a la de ellos; quizá diez veces superior al más capaz de los que no conocen a Dios. "Y en nada intimidados por los que se oponen" (Fil 1:28). En ningún momento deberíamos dejarnos intimidar por la inteligencia meramente humana, la de aquellos que no conocen a Dios, porque nuestra inteligencia en Cristo es abundante, es diez veces mayor e integral.

7 | SOY SABIO

¿Podemos decir "Soy Sabio"? ¿No sería eso ser "sabios en nuestra propia opinión"? La palabra de Dios no habla muy bien de aquellos que son sabios en su propia opinión. Proverbios 26:12 dice: "¿Has visto hombre sabio en su propia opinión? Más esperanza hay del necio que de él." Dios coloca a los que se creen sabios en su propia opinión en un lugar inferior a los necios. ¿Y quiénes son estos? Son aquellos que *sin* Dios se sienten sabios. Aquellos que no dependen de Él para su sabiduría, más bien se jactan en su propia prudencia. "Fíate de Jehová de todo tu corazón, y no te apoyes en tu propia prudencia" (Prov. 3:5).

"Dice el necio en su corazón no hay Dios" (Sal. 14:1). La historia registra multitud de personalidades que no creyeron en que existiera un Dios. En esta vergonzosa lista se incluyen nombres tan sobresalientes como Sigmund Freud, conocido psicólogo austriaco (que por cierto forzó a su amigo medico Max Schur a asistirlo con su suicidio); Mikhail Gorbachev, reformador ruso; Mark Twain, escritor americano; Charlie Chaplin, cineasta y actor del cine mudo; Carl Sagan, astrónomo destacado; etc. Estas personas aunque al juicio del mundo fueron brillantes, y ante su propia opinión sabios, fueron necios.

Dos tipos de personas son las que tienen más tendencia para

creer que son sabios en su propia opinión. **1**. Los perezosos. Proverbios 26:16 dice: "En su propia opinión el perezoso es más sabio que siete que sepan aconsejar", se refiere al arrogante que piensa que no necesita trabajar para ser sabio porque ya lo es, y aunque siete sabios les aconsejen mover sus manos siempre encontrarán una razón más sabia que ellos para no hacerlo, y; **2**. Los ricos. Proverbios 28:11 "El hombre rico es sabio en su propia opinión; más el pobre entendido lo escudriña." Se refiere a un rico arrogante que cree que su riqueza ha sido obtenida mediante a su propia sabiduría y menosprecia a los pobres aunque tengan el entendimiento que da Dios.

Un sabio en su propia opinión es aquel que sin tomar en cuenta a Dios cree tener sabiduría. Pero el sabio verdadero no puede ser arrogante ni jactarse de tener algo de sí mismo. Un sabio verdadero dependerá de Dios para su sabiduría y aceptará que el nombre de Cristo Jesús es Consejero. "No hay sabiduría ni consejo contra Jehová" (Prov. 21:30). No hay quien realmente posea sabiduría y al mismo tiempo permanezca en rebeldía contra Cristo al no darle todo el señorío de su alma.

Por lo tanto decimos que somos sabios, no porque creamos que tenemos sabiduría propia o que seamos mejores por nosotros mismos, " no que seamos competentes por nosotros mismos para pensar algo como de nosotros mismos, sino que nuestra competencia proviene de Dios," (2 Cor. 3:5). Somos sabios porque Dios dice que somos sabios, fue Él quien "hizo sobreabundar para con nosotros en toda sabiduría e inteligencia," (Ef. 1:8). No fuimos nosotros los que nos hicimos sabios sino que **Dios** fue quien nos hizo sabios por Cristo.

Los verdaderos sabios son humildes, pero siempre encontraremos gente que tiene una falsa humildad. Dios quiere que seamos sabios, de otra manera no nos animara a que le pidamos sabiduría. Y no solo eso, sino que Él ya nos ha hecho sabios.

Nuestro Antiguo Anhelo

"Y vio la mujer que el árbol era bueno para comer, y que era agradable a los ojos, y árbol codiciable para alcanzar la sabiduría; y tomó de su fruto, y comió; y dio también a su marido, el cual comió así como ella."- Génesis 3:6

El ser humano fue creado para alcanzar la sabiduría, pero jamás independiente de Dios. Vayamos a los inicios de la humanidad. Cuando Adán y Eva estaban en el huerto del Edén.

Ellos tuvieron en medio del huerto un árbol al que Dios llamó el Árbol de la Vida. Este árbol representa a Cristo mismo; pues como se revela después, éste es el árbol que hacía que la primera pareja humana viviera eternamente. Luego, Eva, en su conversación con la serpiente, se equivocó al decir que era el Árbol de la Ciencia del Bien y del Mal el que estaba en el centro del huerto. ¡No era el árbol prohibido el que estaba en el centro sino el Árbol de la Vida! Tal parece o que Eva tuvo alguna conversación con el diablo previamente o bien que en su corazón estaba ya una pizca de codicia de alguna manera. Ya no pensaba en Cristo como el centro de su vida sino en aquel árbol prohibido. Normalmente la Palabra de Dios no nos da muchos detalles de los hechos narrados, pero nosotros sabemos que el pecado no se exterioriza sino luego de algún tiempo de estarse gestando en el corazón. "Cuando alguno es tentado, no diga que es tentado de parte de Dios; porque Dios no puede ser tentado por el mal, ni él tienta a nadie; [14] Sino que cada uno es tentado, cuando de su propia concupiscencia es atraído y seducido. [15] Entonces la concupiscencia, después que ha concebido, da a luz el pecado; y el pecado, siendo consumado, da a luz la muerte" (Stg.1:13-15). El argumento que convenció a Eva fue que comer del fruto del árbol prohibido le daría sabiduría. El pecado primario de Eva fue la codicia por tener la sabiduría de Dios.

Desear tener sabiduría no es malo, pero ésta jamás podrá ser la infinita sabiduría de Dios por supuesto; ni tampoco jamás puede ser alcanzada sino por medio de Cristo, "en quien están escondidos **todos** los tesoros de la sabiduría y del conocimiento" (Col.2:3). No hay sabiduría fuera de Cristo. El ser humano en su afán de alcanzar sabiduría ha invertido toda su vida. Muchos buscan la sabiduría, como Salomón quien se ocupó en "buscar con sabiduría sobre todo lo que se hace debajo del cielo" (Ecl. 1:13), pero terminan en el infierno. Todo camino de sabiduría está encerrado en Cristo. El ser humano podrá tener sabiduría terrena, pero el Señor tiene sabiduría eterna. La sabiduría de lo alto está definida así: "la sabiduría que es de lo alto es primeramente pura, después pacífica, amable, benigna, sin incertidumbre ni hipocresía."(Stg. 3:17), lo que **no** está dentro de esta definición es terrenal y diabólico (Stg. 3:13-15).

La definición propia de sabiduría es el punto de vista de Dios con respecto a cualquier asunto, cosa que los considerados sabios en este mundo nunca tuvieron ni tienen, sabiduría "que ninguno de los príncipes de este siglo conoció; porque si la hubieran conocido, nunca habrían crucificado al Señor de gloria."(1 Cor. 2:8).

Todo aquel que conoce a Cristo es sabio, y conoce a la sabiduría en persona, aquel que *eternamente tuvo el principado, desde el principio, antes de la tierra* (Prov. 8:23).

El antiguo anhelo del hombre por tener sabiduría es alcanzado a través de Cristo, por ello podemos decir: "Soy sabio en Cristo Jesús".

El principio de la Sabiduría

"El principio de la sabiduría es el temor de Jehová; Los insensatos desprecian la sabiduría y la enseñanza." – Prov. 1:7

Todo camino tiene un principio, la puerta del camino. Muchos quieren sabiduría sin empezar desde el principio, quieren el fin sin el proceso. La sabiduría es disfrutar el proceso, vivir intensamente el gozo del proceso. El proceso es la enseñanza y a través de la enseñanza se alcanza la sabiduría, de experiencias nítidas. Hay muchas maneras en que Dios pueda enseñarnos, pero jamás lograremos entender el grado B sin cursar el grado A. Si despreciamos el grado A Dios no nos enseñará el grado B. El grado A es el temor a Dios. Nadie que no tenga primero temor a Dios podrá entender y apreciar el camino de la sabiduría y la enseñanza.

El Temor a Dios es primero una conciencia constante de la presencia de Dios. Quien no conoce al Señor no está consciente de que Dios le observa. Vive en sus pecados sin entender que ofende a Dios con sus actos. Un hombre o mujer que no está convicto por el Espíritu Santo cree que su vida es aceptable, que no es el mejor del mundo, pero tampoco es el peor y se justifica así mismo. Pero llegada la luz del evangelio y la convicción del Espíritu Santo empieza a darse cuenta de su sucia condición delante de Dios. Al venir a Cristo todos nosotros recibimos una cosa a la que Dios ha llamado "Temor de Dios". El temor a Dios es literalmente un miedo por ofender a Dios, un miedo por perder su comunión con Él. De ahí es de donde se desprende la crisis de un cristiano verdadero, que sabe que no debe pecar, que debe vivir en santidad, pero al ver la ley de Dios no puede cumplirla. Esto le produce frustración, porque al venir la tentación el temor a Dios instalado en él/ella le lleva a los principios de Dios instalados ahora en su mente, pero su naturaleza carnal le arrastra al pecado (Ro.7). Sin embargo, cuando hemos aprendido a morir totalmente a nosotros mismos y dejamos que Cristo viva en nosotros el Espíritu Santo nos lleva siempre a una vida de victoria (Ro.8).

La sabiduría es Cristo en nosotros, empezamos a ser sabios si empezamos por el temor a Dios, pero jamás se alcanza a ser realmente sabio si no es aprendiendo primero a vivir en Cristo y dejando que Cristo viva en nosotros. La crisis "temor a Dios-esfuerzo propio-fracaso" pueda extenderse por mucho tiempo, y sucede que, o bien nos acostumbramos a vivir una vida de derrota para luego auto-justificarnos con argumentos bíblicos forzados o bien nos rendimos totalmente al Señor. Pero nosotros estamos en Cristo y Cristo en nosotros, por ello Cristo nos ha hecho santos y esa santidad nos hace sabios. Por ello se relaciona la santidad con el temor a Dios y el temor a Dios con la sabiduría. "Así que, amados, puesto que tenemos tales promesas, limpiémonos de toda contaminación de carne y de espíritu, perfeccionando la santidad en el temor de Dios." Es imposible hablar del temor a Dios sin hablar de la santidad. Somos sabios porque empezamos con el temor a Dios.

Falta de Sabiduría

"Y si alguno de vosotros tiene falta de sabiduría, pídala a Dios, el cual da a todos abundantemente y sin reproche, y le será dada." – Santiago 1:5

Dios ya nos ha dado en Cristo abundantemente toda sabiduría y toda inteligencia (Ef. 1:8). ¿Por qué pudiere haber **alguno** que le falta sabiduría? Santiago muestra el proceso de madurez, de perfección, de cabalidad o llenura (ser completos). Pero tal parece que puede haber alguno, que siente encontrarse "acorralado" en el proceso. Que piensa negativamente y se apesadumbra y queja en lugar de gozarse. El Apóstol explica por inspiración del Espíritu Santo que una persona que no se goza con el proceso o en los métodos de Dios es aquella que le falta sabiduría. La falta de sabiduría hace que fallemos en el proceso de Dios, – el proceso de madurez – y se traduce en una mala actitud ante las situaciones adversas de la vida. El gozo no es exactamente lo mismo que alegría, porque mientras el resultado exterior de ambas podría ser similar, la alegría depende de las circunstancias, el gozo no. El gozo depende de la palabra de Dios, de la fe. Es un estado de bienestar al pensar en las promesas de Dios.

Si nos encontramos en alguna prueba en tanto estamos en el proceso de madurez, debemos tener siempre en nuestra mente y corazón que aunque cosas negativas e irreparables nos amenacen, Dios tiene el control. El Señor tiene cuidado de los suyos.

¿Por qué José se convirtió en maestro de sabiduría de los ancianos de Egipto? (Sal. 105:22). Porque aunque el dicho de Jehová lo probó (Sal.105:19) él entendió el proceso de madurez de Dios. "Ahora, pues, no os entristezcáis, ni os pese de haberme vendido acá; porque para preservación de vida me envió Dios delante de vosotros"(Gn. 45:5).

Toda persona que no cree al Señor y pierde sus bendiciones, es insensata, le falta sabiduría. Y la sabiduría es creer en nuestro corazón que ya Cristo nos ha dado abundantemente toda sabiduría e inteligencia. Y que él cumplirá su proceso de madurez en nosotros a fin de que descansemos totalmente en él y no en nosotros mismos. En ese momento nuestra dependencia total de Cristo seguirá, pero nuestro estado de madurez comienza, ¡el trato de Dios ha tenido su obra completa!

Que insensata nos parecería una mujer de familia que por no sufrir los sufrimientos de un embarazo se queje y aborte. O un estudiante que por no sufrir lo duro de los exámenes y exigencias de los profesores deserte de su carrera profesional. Más bien nos gozamos, no porque el sufrimiento no sea duro sino porque pensamos en nuestro premio.

Filipenses 2 nos explica con claridad, que Cristo mismo se humilló varias veces, se hizo obediente hasta la muerte y muerte de cruz porque tenía en mente la exaltación. Porque "por el gozo puesto delante de él sufrió la cruz, menospreciando el oprobio y se sentó a la diestra del trono de Dios" dice Hebreos 12:2.

Concluimos que por tener confianza en Cristo somos sabios y esa sabiduría permite que Dios termine su proceso de madurez en nosotros.

Más sabio que mis enemigos

"Me has hecho más sabio que mis enemigos con tus mandamientos, Porque siempre están conmigo."– Salmos 119:98.

El apóstol Pablo por inspiración del Señor dice que en lo que dependa de nosotros estemos en paz con todos los hombres (Ro. 12:18); pero no dice que sea posible no tener enemigos. Los enemigos los tenemos gratuitamente. Somos perseguidos por causa del evangelio y nos gozamos por padecer afrenta por causa del Nombre.

Sin embargo, sabemos que nuestros enemigos de carne y hueso realmente están siendo dirigidos por demonios. El diablo está lleno de ira al darse cuenta que no puede tocar a los hijos de Dios y utiliza a sus siervos humanos para tratar de dañarnos. 1 Pedro 4:4 "A éstos les parece cosa extraña que vosotros no corráis con ellos en el mismo desenfreno de disolución, y os ultrajan;" Ellos mueven sus labios pero son dirigidos por el demonio, ellos traman maldad, pero es Satanás quien está detrás de sus sentimientos y pensamientos (Ef. 2:2-4).

Nuestra lucha real no es con los seres humanos, sino contra principados, potestades, gobernadores de las tinieblas de este siglo, contra huestes espirituales de maldad. Ellos operan en los lugares celestiales y traman con astucia trampas contra los sabios hijos de Dios. *Poneros*, la palabra griega que se traduce como "día malo" en Efesios 6:13 denota una actividad de astucia maligna. ¿Por qué Dios permite que haya días en que parece que el diablo nos gana en su astucia? como si nuestra sabiduría no fuera suficiente para evitar que nos cause problemas. Sucede por varias razones, que si Dios quiere que crezcamos en la fe o que tengamos un mayor galardón. *Bienaventurados sois cuando por mi causa os vituperen y os persigan... gozaos porque vuestro galardón es grande en los cielos.* Si sufrimos, también reinaremos con él (2 Ti. 2:12). Entonces los hijos de Dios claman al Señor, claman por ayuda al Todopoderoso, claman los justos y Jehová oye; claman por la salida a la tentación. Pero "Dios nos dejará ser tentados más de lo que podéis resistir, sino que dará también juntamente con la tentación la salida, para que podáis soportar" (1 Cor. 10:13). Entonces la sabiduría de Dios viene a nuestro favor, Dios nos da la respuesta y tenemos una orden de Dios para actuar. Dios frustra el consejo astuto de nuestros enemigos. Dios nos esconde "del consejo secreto de los malignos, De la conspiración de los que hacen iniquidad," (Sal. 64:2). El Señor "Que frustra los pensamientos de los astutos, Para que sus manos no hagan nada;" (Job. 5:12), nos hace más sabios que nuestros enemigos para la guerra de la vida.

Ningún hijo o hija de Dios sucumbirá ante la astucia del diablo, porque Cristo nos ha hecho en Él más sabios. Superamos nuestros enemigos cuando sabemos la palabra de Dios.

Dios no nos promete quitar nuestros angustiadores, pero sí que nos pondrá mesa delante de ellos, es decir, que anulará sus planes malignos de destrucción y nosotros comeremos una apetitosa comida que Cristo mismo ha preparado para nosotros. Lo hizo ya con sus discípulos en Jn.21, lo hará con nosotros también.

8 | SOY REY

En la historia vemos reyes excéntricos, despiadados, excesivos, torpes y hasta dementes. Los reyes de este mundo ejercen potestad, esclavizan a sus súbditos, y se rodean de riqueza y vanidades. Cuenta una historia tradicional extra-bíblica que Salomón murió joven, quizá apenas cruzando los cincuenta años. Sus excesos incluyeron la multitud de sus mujeres; sus riquezas inigualables y muchas otras glorias y esplendores. Sus mujeres lo apartaron de Dios, dice la Biblia en 1 R. 11:3. Pero Salomón no fue el único que se envaneció debido al poder que le fue otorgado. El mismo Uzías, siendo un hombre leal al Señor los primeros años de su reinado, luego que fue prosperado y se hizo muy poderoso, su corazón se envaneció. "Más cuando ya era fuerte, su corazón se enalteció para su ruina;" (2 Cro. 26:16). Aparte de estos ejemplos hay muchos otros.

Pero viene Cristo y estable un reino distinto. Ya no sería el reino convencional, el reino de la tiranía y el poder mostrado por hombres y mujeres de este mundo, el que caracteriza al reino satánico, sino que Cristo establece otro distinto reino. Cristo Jesús respondió a Pilato: "Mi reino no es de este mundo; si mi reino fuera de este mundo, mis servidores pelearían para que yo no fuera entregado a los judíos; pero mi reino no es de aquí" (Jn.18:36). El reino de Cristo es un reino que va más allá de lo humano, de lo físico, de lo sensorial y de lo terreno. Es un reino espiritual. Y el reino espiritual tiene dominio sobre lo terrenal y físico. Lo espiritual es antes que lo material. "Por la fe entendemos haber sido constituido el universo por la palabra de Dios, de modo que lo que se ve fue hecho de lo que no se veía" (Heb.11:3).

El reino empieza con la autoridad otorgada por Dios primero a Cristo Jesús – "Toda potestad me ha sido dada en el cielo y en la tierra..." y luego por Jesucristo a todos nosotros para la evangelización del mundo y el establecimiento de este reino en los corazones de todos los seres humanos. El reino de Dios y de Cristo es un reino de personas lavadas con su sangre preciosa que caminan con Él y en Él.

Todo hijo(a) de Dios tiene un legado de realeza por el Rey Cristo Jesús. Y el reino de Cristo es un reino de reyes, el supremo Rey nos ha hecho reyes a nosotros. " ...y de Jesucristo el testigo fiel, el primogénito de los muertos, y el soberano de los reyes de la tierra. Al que nos amó, y nos lavó de nuestros pecados con su sangre, ⁶y nos hizo reyes y sacerdotes para Dios, su Padre; a él sea gloria e imperio por los siglos de los siglos. Amén" (Ap. 1:5,6). No es que seremos reyes, sino que ya somos reyes. Aunque no reinamos sobre la tierra físicamente todavía (esto será hasta el milenio, Apo.5:10); Dios nos ha hecho reyes en lo espiritual, cosa que precede a lo terrenal. Pero es necesario que entendamos la naturaleza de este reino y que nos comportemos como lo que somos: reyes y reinas en Cristo.

Dios nos ha hecho Reyes

"Y el rey amó a Ester más que a todas las otras mujeres, y halló ella gracia y benevolencia delante de él más que todas las demás vírgenes; y puso la corona real en su cabeza, y la hizo reina en lugar de Vasti." – Ester 2:17

El libro de Ester es el único libro de la Biblia que no menciona el nombre de Dios, pero vemos un claro ejemplo de la iglesia y su relación con Cristo. Los judíos en los tiempos de Ester eran despreciados, se creía de ellos como inferiores. Pero el rey Asuero no se preocupó por el historial de Ester, sino que la hizo reina simplemente; como Cristo, cuando estábamos en pecados y éramos despreciables y destituidos de la gloria de Dios por nuestra condición, nos amó primero, murió por nosotros y nos hizo suyos. La reina Ester fue reina porque Asuero la hizo reina, así nosotros somos reyes y reinas, no porque nos hayamos hecho a nosotros mismos, o porque nuestros esfuerzos u obras humanas nos hayan otorgado tal privilegio; o por nuestros méritos propios, sino que Él nos amó de pura gracia.

Ester encontró gracia delante del rey, así nosotros hemos encontrado gracia delante del Señor. Asuero podía mirar la apariencia externa, pero Dios vio algo en nuestro corazón. "Pero él da mayor gracia. Por eso dice: Dios resiste a los soberbios y da gracia a los humildes" (Stg. 4:6). Ester halló gracia delante de los ojos de Asuero por su percepción exterior y nosotros hemos encontrado gracia por la humildad de nuestro corazón. Por habernos arrepentido y humillado ante Dios. Esta es la única manera de entrar en este reino de reyes y reinas, la humildad.

Dice Cristo: "De cierto os digo, que si no os volvéis y os hacéis como niños, no entraréis en el reino de los cielos" (Mt. 18:3). La humildad y sencillez de un niño es lo que Dios requiere para entrar en su reino. Hombres y mujeres poderosos de esta tierra, reyes y reinas terrenales que jamás supieron humillarse ante Dios no pudieron entrar ni ahora pueden, al reino de Dios porque no han querido humillarse, arrepentirse de sus pecados. Tantas personas hay que no quieren reconocer que son culpables ante Dios, y se justifican así mismos. El reino de Dios es un reino de niños, de personas que se han hecho niños para ser reyes y reinas. En el reino de Dios no hay lugar para la jactancia, por eso dice: "no es por obras para que nadie se gloríe" (Ef. 2:9).

La religión está centrada en la voluntad humana; una mortificación, moldeo y educación de la voluntad humana a ciertas prácticas morales. Pero Jn. 1:12,13 "Mas a todos los que le recibieron, a los que creen en su nombre, les dio potestad de ser hechos hijos de Dios;[13] los cuales no son engendrados de sangre, ni de voluntad de carne, ni de voluntad de varón, sino de Dios." No fue nuestra fuerza de voluntad lo que nos hizo entrar en el reino de Dios sino la voluntad exclusiva de Dios al nosotros cumplir con su requisito: humillarnos ante Él y hacernos como niños. Somos por lo tanto, reyes y reinas; como Ester, encontramos gracia ante el Rey de Reyes y Él nos hizo así.

Reyes y Reinas servidores

"como el Hijo del Hombre no vino para ser servido, sino para servir, y para dar su vida en rescate por muchos." – Mateo 20:28

Muchos en nuestros días, de entre los redimidos, no han comprendido el reino de Dios. Piensan que el mundo está bajo sus pies; que Dios los tiene que respaldar aún y no exalten al Señor con sus vidas. He escuchado pensamientos errados de muchos que piensan en las cosas de este mundo, que los demás les sirvan; no han entendido su posición en Cristo.

No es que somos salvos para entrar en un palacio y sentarnos a dar órdenes a diestra y siniestra. ¿No es éste el sistema del mundo? Somos reyes y reinas, ¡Sí! Dios nos ha hecho así. Pero estos reyes y reinas son servidores del Rey de reyes. Nosotros somos esos reyes de quien Él es Rey (por eso dice "Rey de reyes"). Y servir al Rey no es otra cosa que servir a nuestros hermanos.

Cuando estaban los doce reunidos Cristo tomó un recipiente y una toalla y uno por uno empezó a lavar los pies de sus discípulos. Ahí estaba Pedro, quien horas después le negaría y Judas, quien esa misma noche le entregó. Estuvo también Tomás, quien no creyó en su resurrección y los demás, que huyeron para salvar sus vidas cuando Jesús fue arrestado. A esos hombres espiritualmente lánguidos fue a quienes Cristo estaba sirviendo, y lavando los pies. "Ejemplo os he dado," –dijo Él– "para que como yo os he hecho, vosotros también hagáis" (Jn. 13:15).

He escuchado tantas malas interpretaciones... ninguna de ellas es válida ante las palabras de Cristo, "¡Hagan como yo hice!" Se nos olvida de dónde el Señor nos sacó y quienes somos en Cristo. Somos reyes y reinas servidores. ¿Se ha visto que un rey con vestiduras reales tenga cerca el piso para fregarlo? Sí, Cristo Jesús, cuando lavó los pies de sus discípulos. No hay Rey como Él. ¿Habremos de comportarnos jactanciosamente? Nada de ello. Porque el reino de Dios es un reino de servidores. Es difícil servir a personas que piensan que los siervos de Dios somos trabajadores de ellos; es difícil lavar los pies de los Judas; es casi imposible servir a nuestros enemigos; pero lo hacemos por amor a Cristo, por causa del Señor. Porque al hacerlo, a Cristo Jesús servimos; "sabiendo que del Señor recibiréis la recompensa de la herencia, porque a Cristo el Señor servís" (Col. 3:24).

Escuché la historia de cierto pastor, que el Señor lo encumbró; lo hizo exitoso como pastor y siervo de Dios. Pero un día que iba por el camino, en su automóvil lujoso, contaba a su amigo de toda su gloria (como lo hizo Ezequías con los babilonios). Su amigo, quien era también un hombre de Dios, fue tomado por el Espíritu Santo y lo amonestó fuertemente. "Te saqué de las drogas, de entre la basura, ¿tienes algún derecho a jactarte en mi presencia?" –le dijo el Espíritu. El pastor entonces bañó su rostro en lágrimas, detuvo el vehículo en el acotamiento, puso sus rodillas sobre el pavimento y adoró al Señor.

La forma de escalar en el Reino de Dios

"Entonces Jesús, llamándolos, dijo: Sabéis que los gobernantes de las naciones se enseñorean de ellas, y los que son grandes ejercen sobre ellas potestad.[26] *Mas entre vosotros no será así, sino que el*

que quiera hacerse grande entre vosotros será vuestro servidor,²⁷ y el que quiera ser el primero entre vosotros será vuestro siervo;"– Mateo 20:25-27

Entre los ministros de una iglesia o denominación existe latente siempre el riesgo que se cree un ambiente de competencia. Que los ministros o líderes busquen las glorias, los puestos, los privilegios y reconocimientos. El Apóstol Juan nos dice de Diótrefes, "al cual le gusta tener el primer lugar entre ellos…" (3Jn. 9). Y sigue habiendo Diótrefes en nuestros días. Gente que entiende el reino de Dios como un partido político o despliegue de poder humano. Cristo enseñó, que la única forma de escalar en su reino es siendo un servidor de los demás. Que la forma de ser el primero no es teniendo la actitud de Diótrefes sino siendo siervo de sus hermanos. Por ello, todo aquel que busque tener un mejor lugar en el reino de Dios jamás debería desechar cualquier oportunidad de servir a los demás.

Dios conoce los corazones y jamás dará sus dones a quienes se envanecen y quieren ser servidos en vez de servir. Aunque lamentablemente algunos de los que han recibido dones del Señor, engañados por el diablo, se les han subido los humos, no fue así inicialmente. Ejemplos hay de quienes han caído y se han ido a la tumba antes de tiempo, debido a que Satanás tomó ventaja de su envanecimiento. Otros han sabido reconocer sus errores y han vuelto humillados ante el Señor y han alcanzado misericordia. Dios vio el corazón de David, lo sacó de en medio de las ovejas, lo hizo príncipe de Israel. Porque Dios "levanta del polvo al pobre, y al menesteroso alza del muladar," (Sal. 113:7). Pero cuando David se envaneció y se volvió rebelde menospreciando la palabra del Altísimo, el Señor lo hizo tropezar, lo castigó duramente, aunque tuvo misericordia de él y no murió; la misericordia de Dios vino cuando David se humilló ante el Señor de corazón entero.

Existe una tendencia a servir para ganar el corazón de la gente. Esta es una forma no sincera de servir al Señor. Los que hacen esto no tienen su confianza en el Señor, está más bien en su habilidad para ganar amigos. Hay formas que los que no conocen a Dios usan para congraciarse con los demás y éstas incluyen un espíritu de servicio. Esto no deja de ser bueno de alguna manera, sin embargo, aquel que conoce al Señor sirve a los demás viendo a Cristo y nada más. No trata a las personas como "clientes", sino ellas son Cristo mismo. "De cierto os digo que en cuanto lo hicisteis a uno de estos mis hermanos más pequeños, a mí lo hicisteis" (Mt. 25:40).

El Señor dará sus dones y privilegios a aquellos que diligentemente le buscan. "Porque es necesario que el que se acerca a Dios crea que le hay, y que es galardonador de los que le buscan" (Heb. 11:6). Y a aquellos que sirven a los demás de corazón sincero haciéndolo como para Cristo, Dios los verá y serán enaltecidos.

Reyes y Reinas que saben sufrir

"Si sufrimos, también reinaremos con él; Si le negáremos, él también nos negará."– 2 Timoteo 2:12.

La palabra griega que Reina-Valera traduce como sufrir es <hupomeno>. Esta palabra denota "habitar o permanecer bajo o detrás, perseverancia, soportar valerosamente. Aunque la definición primaria de la palabra sufrir es sentir físicamente un daño, un dolor, una enfermedad o un castigo, también significa aguantar, tolerar, soportar. Es en este último sentido que es utilizada la palabra sufrir. Por lo tanto, sufrir, para fines de este pasaje, no es simplemente padecer algo, sino habla de la actitud que tenemos. Si somos capaces de soportar valerosamente sin quejarnos cualquier cosa que venga por la causa de Cristo o por causa de la justicia (Mt. 5:10-12); entonces reinaremos con Cristo. Somos reyes y reinas, porque Dios nos ha hecho reyes y reinas, pero para que seamos vencedores y capaces de sentarnos a juzgar un día (en el milenio), es necesario soportar con paciencia y aguardar hasta que se manifieste el Señor.

Siempre debemos tener en cuenta que este no es nuestro hogar; este sistema, el que el mundo tiene ahora, no es el nuestro,

nuestro sistema es el de Cristo. Cristo viene en su segunda venida y vendrá a Sión para reinar por mil años en la tierra y nosotros con Él, ¡Aleluya!

Cuando la palabra habla de sufrimiento se refiere mayormente a la persecución que es necesaria que el cristiano padezca por causa de Cristo o de la justicia. Hay sufrimiento innecesario, el que viene también de Satanás (porque éste es el director de todo sufrimiento en la tierra), pero que no encierra ninguna bienaventuranza, sino más bien es sinónimo de retroceso en el traer gloria a Dios. La enfermedad por ejemplo no trae gloria a Dios, en cambio la sanidad en esta tierra a vista de los incrédulos, sí. Los sufrimientos a consecuencia de malos hábitos o comportamientos, malas decisiones, negligencias, insensatez o descuidos traen como consecuencia sufrimientos innecesarios, todo aquello que no agrega gloria a Dios.

Pero cuando viene la persecución a consecuencia de Cristo, de nuestro caminar cristiano, o de la justicia, la del bien hacer, bien pensar, o bien decidir en obediencia a la palabra de Dios... entonces debemos soportarla. Sólo soportarla en oración y ayuno. Sabemos que reinaremos con Cristo porque Él nos ha hecho reyes y reinas.

Juan Buyan soportó persecución por la causa de Cristo y ahí, en medio de su sufrimiento escribió "El Progreso del Peregrino", el libro más leído por los cristianos después de la Biblia. Muchos otros que han sido mártires del evangelio nos inspiran su actitud de fe y paciencia. No sólo los que hace años padecieron, sino los que ahora mismo pasan por pruebas terribles, sufrimientos indescriptibles por causa del Señor.

Sabemos que somos reyes y reinas, y aunque el mundo nos vea como personas insignificantes, no así delante del Señor. Aunque somos reyes y reinas aquí en la tierra que servimos y sufrimos, un día no necesitaremos de eso, Dios nos sentará en la mesa y Él mismo nos servirá, ¡que privilegio tan grande! (Lc. 12:37).

9 | SOY HEREDERO

Vemos a un hombre preocupado, meditando bajo la sombra de una noche llena de estrellas. Es rico. Se dice que es un gran señor, un hombre próspero. Tiene ganados, siervos y siervas, posesiones en abundancia. Todo esto tiene, poderoso en la tierra y envidiado por los demás orientales pero medita en esto: no tiene un heredero. Tan sólo tiene un siervo fiel en su casa a quien en última instancia le dejaría todo. Este hombre ya tiene su edad y el siervo está totalmente seguro de que recibirá la herencia de todo, puesto que así es la práctica común entre su cultura. "No tardará mucho en morir y mi amo me entregará todo."– seguro se decía Eliezer, el damasceno.

Pero Dios le dijo a Abraham que lo iba a bendecir, a lo que él respondió: "Señor Jehová, ¿qué me darás, siendo así que ando sin hijo, y el mayordomo de mi casa es ese damasceno Eliezer? "No será él, el siervo, sino un hijo tuyo..." Es emocionante tener un heredero, Dios quiso tener un heredero en Cristo Jesús. Pues Cristo es el heredero de Dios por excelencia. Como Hijo de Dios es heredero de todo. "A quien constituyó heredero de todo, y por quien asimismo hizo el universo;"

"se hizo pobre siendo rico..." Siendo Cristo el heredero de todo no necesitaba de nosotros, pero nos amó. Él quiso que nosotros recibiéramos la herencia de Dios. "Y si hijos, también herederos; herederos de Dios y coherederos con Cristo, si es que padecemos juntamente con él, para que juntamente con él seamos glorificados" (Ro. 8:17). Por lo tanto, en Cristo nosotros somos herederos de Dios el Padre. ¿Cuál es esa herencia del Padre? Nuestra herencia son las riquezas del Padre, las "inescrutables riquezas de Cristo" (Ef. 3:8). Somos herederos de una riqueza que no se puede saber ni averiguar. Es una riqueza enorme de la que nosotros no tenemos siquiera noción. Bajo el sistema del mundo, se enseña que las riquezas materiales son las verdaderas riquezas. Cuando escuchamos la palabra "riqueza" entendemos inmediatamente posesiones materiales; sin embargo las riquezas de Cristo son inescrutables. No las conocemos, no tenemos idea de lo que son hasta que estemos con Él. Creemos en algo que no vemos y ni siquiera sabemos de lo que realmente se trata, pero son grandes riquezas. Efesios 1:17 nos dice que anhelar estar riquezas escondidas es posible mediante un espíritu de sabiduría; mediante el conocimiento de Cristo. No sabemos lo que son, pero cuando estamos cerca del Señor por fe las anhelamos.

Somos herederos en Cristo. Tenemos la herencia del mismo Padre. Dios nos ha constituido herederos, eso es lo que somos. Somos hijos y los hijos tienen la herencia del Padre. Aunque no somos hijos naturales, lo somos por adopción, somos adoptados en Cristo. Esto es algo muy poderoso porque si nuestro padre no tiene límites, nosotros en Cristo tampoco. Es por eso que el Apóstol Pablo exclama: "Todo lo puedo en Cristo que es mi fortaleza"(Fil. 4:13).

Soy Heredero de Salvación

"¿No son todos espíritus ministradores, enviados para servicio a favor de los que serán herederos de la salvación?" – Hebreos 1:14.

Si supiéramos que somos herederos de un hombre multimillonario, ¿qué reacción tuviéramos? De gozo seguramente. No tenemos aún la herencia, pero nos gozamos en la posibilidad de un día gozar de la herencia en tanto el testador haya completado toda su vida aquí. Nosotros no sólo tendremos la herencia de la salvación, sino que ya somos herederos de la salvación. "Por gracias sois salvos" (Ef. 2:8). No que seremos salvos, sino que ya somos salvos. "El que tiene al Hijo, tiene la vida;" (1 Jn. 5:12). Tenemos la herencia desde el momento que venimos a Cristo.

Tenemos las arras de nuestra herencia. "En él también vosotros, habiendo oído la palabra de verdad, el evangelio de vuestra salvación, y habiendo creído en él, fuisteis sellados con el Espíritu Santo de la promesa,[14] que es las arras de nuestra herencia hasta la redención de la posesión adquirida, para alabanza de su gloria" (Ef. 1:13-14). Ese sello es la señal de propiedad, que somos suyos, que somos hijos, que somos herederos. Dios nos ha dado su Espíritu, el que ha sido depositado en nuestros corazones, como las arras. Las arras son un deposito en garantía, una prenda en señal de un trato. Nosotros tenemos ya la promesa con prenda hecha por Dios de que seremos salvos, y puesto que Dios no miente y que Él cumplirá lo que ha dicho decimos: Somos herederos.

La salvación es lo más grande que una persona pudiere recibir en la tierra. La salvación es el Espíritu Santo morando en el creyente. Él es quien le da testimonio de que es hijo(a) de Dios y quien le permite hacer posible una vida de santidad, la vida propia de todo hijo(a) de Dios. El hijo prodigo dijo: "Padre, dame la parte de los bienes que me corresponde..." (Lc. 15:12). Y el padre no se la negó. Luego él fue a pecar con ese dinero. En nuestro caso, hemos recibido aquí en la tierra los bienes espirituales del Padre por el Espíritu Santo debido a nuestro derecho legal construido por Jesucristo para nosotros. Pero a diferencia de aquel hijo disipador, quien gastó pródigamente o con exceso lo que no le había costado ganar, nosotros recibimos la herencia de Dios para administrarla con gran sabiduría. "Ocupaos de vuestra salvación con temor y temblor" (Fil. 2:12). Porque la salvación de nuestras almas es una herencia que hemos recibido sin tener que esperar. La hemos recibido en el mismo momento de venir a Cristo. Es como si el hombre rico quien tomamos como ejemplo finalmente haya muerto dejando el siguiente testamento: "Hagan herederos a todos los que quieran". ¡Bendito sea el Señor! Nosotros hemos querido: "A todos los sedientos: Venid a las aguas…" (Is. 55:1). Ese fue el testamento del Señor; y nosotros hemos venido a Él. Cristo ha saciado nuestra sed y ha puesto en nuestras manos lo más valioso y maravilloso jamás otorgado al ser humano: La herencia de la salvación.

Soy Heredero, tengo dignidad

Muchos en nuestros días han confundido el verdadero significado de la palabra dignidad. Dignidad es un realce o excelencia en el comportamiento de una persona debido a un nivel de honor. No se trata de un disfraz de orgullo ni de una distinción efímera. En Cristo nosotros somos dignos, tenemos las cualidades que nos hacen herederos de Dios.

Nuestra dignidad hace que nos comportemos de cierta manera. Un niño de la calle, que es llamado no con un nombre de persona sino con un apodo malsonante, es visto con ojos de compasión por un millonario que decide recogerlo y hacerlo su hijo. Lo primero que hace es cambiarle el nombre, ya no se llama "El pelos" se llama Bill Gates Jr. Y esto le da distinción, le da honor. Ya no viste ropa raída y sucia, sino su vestido es ahora de la mejor calidad del mundo. Ya no busca comida en los basureros, ahora come en los restaurantes más costosos y sofisticados. Su padre adoptivo le enseña a comportarse *dignamente,* como portador de su propio nombre. No habrá de avergonzar a su padre comportándose impropiamente, sino se comportará como su propio padre.

De la misma manera nosotros en Cristo. Nuestra dignidad no procede de nuestros méritos, sino de la adopción. Dice el Apóstol Juan: "Amados, ahora somos hijos de Dios…" (1 Jn. 3:2). Ahora nos comportamos dignos del Padre celestial. Y si un hijo se comporta dignamente, si mantiene su dignidad, su padre le dejará herencia. Nosotros tenemos la herencia de Dios; no como los ángeles que cayeron... "los ángeles que no guardaron su dignidad, sino que abandonaron su propia morada" (Jud 1:6). Ellos no tienen herencia en el Señor, sino que son reos de juicio eterno. De igual forma, hay quienes entre nosotros que lamentablemente no son capaces de guardar su dignidad de hijos de Dios sino que caminan como si no lo fueran. Para ellos no habrá herencia. Pero nosotros andamos dignos del gran Rey que es nuestro Padre. Somos príncipes de Dios y herederos porque somos "Imitadores de Dios como hijos amados" (Ef. 5:1).

Recuerdo estando en la universidad se dio el caso de unas chicas estudiantes que sin considerar el costo y viendo la oportunidad, cargaron en su automóvil unos adornos que un vecino había puesto sobre la banqueta. Al ser denunciadas y enterarse de ello los directivos de la universidad fueron inmediatamente dadas de baja. No eran dignas de ser llamadas estudiantes de la universidad, una de las más prestigiosas del país.

Así Dios dará de baja de su lista de hijos a quienes no sean dignos de Él. Ellos serán desheredados. Más nosotros caminamos en Cristo y mantendremos nuestra dignidad de hijos de Dios. Porque Dios nos ha hecho sus herederos gratuitamente, no echaremos por la borda semejante distinción. Nuestra herencia es enorme, demasiado grande como para tenerla en poco. "¿Cómo escaparemos nosotros, si descuidamos una salvación tan grande?" pregunta el autor de Hebreos (Heb. 2:3). Por ello nos conviene mantener nuestra dignidad y jamás rebajarnos al pecado, que es una degradación de toda criatura humana, pero mayormente de los que han sido llamados *hijos de Dios*.

Hay Herencia si Primero Muere el Testador

"Porque donde hay testamento, es necesario que intervenga muerte

*del testador.*¹⁷ *Porque el testamento con la muerte se confirma; pues no es válido entre tanto que el testador vive"* – Hebreos 9:16-17.

La práctica de jurisprudencia exige que, para que pueda otorgarse una herencia, es necesario que primero muera el testador.

Nosotros tenemos un testamento que se divide en dos partes. A la primera parte se le ha llamado: "El Antiguo Testamento" (Aquella que fue inspirada por Dios para preparar el advenimiento de Cristo, nacido Israelita, Ro. 9:3-5) y "El Nuevo Testamento" (Aquella que describe el cumplimiento de lo dicho por Dios acerca del Cristo y su esposa, la iglesia). En estas dos partes tenemos maravillosas promesas y legados de orden que Dios nos ha dado. Sin embargo, este testamento no podría tener vigencia en tanto el Testador viviera. Por ello era necesaria la muerte de Cristo, para que nosotros tuviéramos la herencia de Dios.

La palabra testamento en griego <*diatheke*> significa "la disposición". En otras palabras la voluntad del Testador. Nosotros tenemos en la palabra de Dios su voluntad. Tantas veces que no es necesario orar para encontrar la voluntad del Señor, pues ésta ya está establecida en su Palabra, la palabra escrita de Dios. Y su voluntad ha sido que tengamos una vida moral, una vida de bien, una vida sana y controlada por su Espíritu; que tengamos sus promesas y las hagamos válidas, las que Dios nos ha hecho por Jesucristo; y que aceptemos los hechos que ya están consumados por Cristo Jesús en la cruz del Calvario.

Su voluntad, su deseo, su divina disposición nos ha sido otorgada en un volumen, la Biblia, escrita en hebreo, griego y arameo; a fin de que nosotros pudiéramos conocer su pensamiento acerca de nosotros. Aquí están todos aquellos pensamientos que nuestro bondadoso Señor ha multiplicado acerca de mí y de usted amado lector. Por lo tanto las promesas de Dios son nuestras, porque Cristo murió, el Testador murió para que legalmente nos fuera otorgada la vida eterna y la vida abundante en Él mientras vivamos como peregrinos en la tierra.

Ahora... "todas las promesas de Dios son en él Sí, y en él Amén, por medio de nosotros, para la gloria de Dios" (2 Cor. 1:20). Hemos recibido como herencia todas las promesas de Dios cuando Cristo murió. Somos herederos de lo que Cristo conquistó para nosotros. No sólo disfrutaremos de la herencia de Dios cuando estemos en gloria, sino también ahora disfrutamos de ella, mientras estemos aún en el mundo. Tenemos la esperanza de lo futuro, pero también tenemos la fe de lo presente para alcanzar la herencia de Dios. La paciencia (esperanza) es para el futuro, la fe es para lo presente (Heb. 6:13).

Es bastante lamentable no aprovechar lo que Dios nos ha concedido. Imaginemos ese mismo hijo del millonario, que voluntariamente decida vivir miserablemente, como si no tuviera herencia que gastar. Que habiendo muerto su padre y dejado una herencia grandiosa, éste decida vivir como si no tuviera nada. Muchos confunden la humildad con el legítimo ejercicio de nuestro derecho de vivir en la herencia del Señor. Dios quiere, y esa es su voluntad, que nosotros echemos mano de todo lo que Él nos ha dejado. Hay algunos que buscan la voluntad de Dios, cuando la voluntad de Dios ya ha sido escrita y firmada por el Todopoderoso. Hay oraciones que parecen ser muy humildes y sometidas a Dios, pero son oraciones que más que agradarle, le ofenden. Mientras tanto, Dios nos sigue diciendo, no ores a mí con respecto a ese asunto, ¡sólo tómalo! ¡Yo ya te lo dejé! Por lo tanto ponemos toda nuestra confianza en Dios, "en el Dios vivo, que nos da todas las cosas en abundancia para que las disfrutemos" (1Ti. 6:17).

10 | SOY SACERDOTE

Tradicionalmente la iglesia católica romana, la iglesia ortodoxa griega, la iglesia anglicana; la religión judía, el sintoísmo, el hinduismo y otras muchas religiones más en el mundo han dado el título de sacerdote a aquella persona, generalmente varón (aunque se han permitido mujeres en ciertas religiones), ordenado(a) para el sacrificio de los rituales religiosos y otras tareas propias de una comisión eclesiástica. Se presume que los sacerdotes entienden el lenguaje de las deidades y lo dan a conocer al pueblo común. En la historia de la humanidad, la existencia de los sacerdotes y las sacerdotisas se remonta a tiempos muy antiguos, cuando los sacerdotes actuaban como representantes de las deidades en las religiones politeístas. Las sacerdotisas también se reconocen en la historia. Todo esto como una perversión demoniaca de lo auténtico.

Del sacerdocio auténtico, del cual el sacerdocio levítico fue sombra; sabemos que primero fue de Cristo, como nuestro sumo sacerdote, el príncipe entre los sacerdotes y único sacerdote nuestro; y luego su legado sacerdotal: el sacerdocio encargado a todos los redimidos.

El sacerdocio levítico, constituido por Dios mismo, tuvo como finalidad servir provisionalmente "hasta el tiempo de reformar las cosas" (Heb. (9:10). Nos comienza a decir el autor de Hebreos:

"Si, pues, la perfección fuera por el sacerdocio levítico (porque bajo él recibió el pueblo la ley), ¿qué necesidad habría aún de que se levantase otro sacerdote, según el orden de Melquisedec, y que no fuese llamado según el orden de Aarón?" (Heb. 7:11). La pregunta se contesta de inmediato: "Porque cambiado el sacerdocio, necesario es que haya también cambio de ley;" (Heb. 7:12). Dios envejeció y sustituyó el sacerdocio levítico (según el orden de Aarón) para dar paso al sacerdocio de Cristo (según el orden de Melquisedec, es decir, de Él mismo) para así también cambiar la ley. Ya no es la ley de Moisés, sino la de Cristo. El sacerdocio levítico es uno ceremonial, ritualista; "consiste sólo de comidas y bebidas, de diversas abluciones [lavatorios o purificaciones], y ordenanzas acerca de la carne," (Heb. 9:10). Tenía "ordenanzas de culto y un santuario terrenal" (Heb. 9:1). Sin embargo, el sacerdocio levítico fue imperfecto y no puede hacer perfectos a los que siguen sus prácticas (Heb. 10:1). Lo mismo podemos decir de los sacerdotes de las religiones ceremoniales de la tierra.

Ahora bien, el sacerdocio de Cristo es un sacerdocio espiritual. Ya no de un culto, de un edificio o tabernáculo terrenal; ya no de ordenanzas, ritos y ceremonias. Es un sacerdocio que realizó un sólo "ritual" (su muerte sustitutoria en la Cruz, y su entrada a lugar santísimo con su propia sangre (Heb. 9:1-22; 13:12) e hizo *perfectos*, de esta manera, a los santificados (Heb. 10:14). Y luego, sigue ministrándoles al interceder por ellos (Heb. 7:25).

Nosotros, como descendencia espiritual de Cristo, (como lo fue para los descendientes de Aarón, según la carne), tenemos el sacerdocio instituido por el Señor aquí en la tierra. Nuestro sacerdocio es ordenado por Cristo Jesús, porque ha sido Él quien nos ha constituido sacerdotes para Dios su Padre (Ap. 1:6; 1 P 2:9). No fuimos nosotros quienes nos hicimos sacerdotes a nosotros mismos, sino fue Él quien nos hizo a nosotros sacerdotes.

Soy Sacerdote ministrando al Señor

"Así que, ofrezcamos siempre a Dios, por medio de él, sacrificio de alabanza, es decir, fruto de labios que confiesan su nombre". – Hebreos 13:15

Como sacerdotes del Dios Altísimo, tenemos la enorme bendición de hacer sacrificios voluntarios al Señor. Así como los sacerdotes en el Antiguo Testamento ministraban al Señor de noche y de día en el santuario; ofreciendo sacrificios, manteniendo el incienso que se elevaba (Ex. 30:8), el fuego que nunca se apaga (Lv. 6:13), los panes de la proposición en su mesa (Ex. 25:30), y ofreciendo cada sacrificio en su día (2 Cro. 8:13). De la misma manera, ahora nosotros, como sacerdotes del Dios vivo, ministramos al Señor con oraciones y ayunos (Lc. 2:37) y elevamos voces de alabanza y adoración al Señor. Sacrificio de alabanza; ya no rituales y tradiciones religiosas sino la sinceridad de un corazón humillado y rendido a sus plantas.

Lo que hacemos para Dios no es que Él nos lo pida, no es requisito para nuestra salvación ni para nuestra santificación; tampoco para nuestra sanidad ni para nuestra libertad. Lo hacemos porque sabemos que somos sacerdotes de Dios y tenemos la gran dicha de ministrar al Señor gratuitamente. Nuestro pago es la oportunidad misma, es la alegría de ministrar en su santuario, que es nuestro cuerpo mismo. Es un orgullo y un gozo incalculable. Ningún pago podría ser mayor que esto. Es cierto que en la oración, en el ayuno y en nuestras ofrendas económicas hay recompensa (Mt. 6:2,5 y 16); es cierto que nuestro Dios es galardonador de los que le buscan (Heb. 11:6), sin embargo, no ministramos en el santuario del Señor por ningún pago, lo hacemos deliberada y gratuitamente. Es sencillamente maravilloso que Dios no nos pida nada, que todo lo hayamos recibido por gracia. Y si Dios nos pidiera algo sería únicamente nuestra comunión con Él. Porque tener comunión e invertir en su amistad es la respuesta de un corazón que ama su Nombre. Lo que hacemos lo hacemos por amor, por gratitud. "Así que, recibiendo nosotros un reino inconmovible, tengamos gratitud, y mediante ella sirvamos a Dios agradándole con temor y reverencia;" (Heb. 12:28). Nuestro servicio a Dios es producto de un alma que explota, como dijo David: "Despierta, alma mía; despierta, salterio y arpa; Me levantaré de mañana" (Sal. 57:8). No es una obligación, es una disposición, nuestra ofrenda es libre.

Sería triste un sacerdote que no ministre en el altar. Que no ofrezca sacrificios ni haga sus funciones sacerdotales. Pero nosotros tenemos la alegría de estar ahí, en medio del tabernáculo del Dios vivo; tenemos el gozo de cantarle, de orar a Él, de ayunar para Él, de ofrendar para Él. No por miedo, no por obligación, no por necesidad, no como un pago, sino con plena libertad y con pleno gozo; con gran alegría, lo hacemos voluntariamente y nos gozamos por poder hacerlo. Y para Dios es ofrenda de olor fragante, como lo fue la entrega de Cristo mismo (Ef. 5:2).

Soy Sacerdote, un Mediador

"Y se acercó Abraham y dijo: ¿Destruirás también al justo con el impío?" – Génesis 18:23.

En el sentido más estricto un sacerdote es un mediador. La definición de Merriam-Webster es la siguiente: *"Uno autorizado para la ejecución de ritos de religión, especialmente como agente mediador entre los seres humanos y Dios..."* Nosotros, siendo entonces sacerdotes del Dios Altísimo somos agentes mediadores. No es que exista algún otro mediador entre Dios y los hombres, pues sabemos que "hay un solo Dios y un solo mediador entre Dios y los hombres, Jesucristo hombre" (1 Ti. 2:5). Sino que ninguno que no tenga el Espíritu de Dios puede interceder con éxito ante Dios por ningún ser humano sobre la tierra. Por ejemplo, ninguno que no tenga el Espíritu de Dios podrá legítimamente sanar por el poder de Dios a un enfermo. Dice la Biblia: "¿Cómo puede Satanás echar fuera a Satanás? [24]Si un reino está dividido contra sí mismo, tal reino no puede permanecer" (Mc. 3:23,24). Por ello, una persona que primero no esté llena de Dios jamás podrá liberar a un endemoniado. Los hijos de Esceva en Hechos 19 intentaron sacar a un demonio, pero el demonio les contestó: "A Jesús conozco, y sé quién es Pablo; pero vosotros, ¿quiénes sois?"

Ninguno que primero tenga la experiencia de la salvación y se haya constituido en un hijo de Dios podrá interceder por alguien más. La intercesión por del rico en el infierno por sus hermanos en Lucas 16 fue negada. De la misma manera, un hombre o mujer que no sea primero salvo puede hacer algo por alguien más.

Nosotros en cambio tenemos el privilegio de interceder por los perdidos, por los que no conocen al Señor, para que sean sanos y salvos. Para que sean liberados y sus problemas sean resueltos por el poder de Dios. Era necesario que el siervo de Dios Job, orara por sus amigos para que el juicio de Dios se apartara de ellos (Job 42:7-8). Así nosotros podemos orar por nuestros amigos inconversos para que vengan al conocimiento de Dios. Toda persona que es salva, viene al Señor debido a la intercesión de alguno de sus hijos, de los hijos de Dios.

Todo hijo de Dios muestra la compasión de Cristo. Ve a los perdidos como ovejas que no tienen pastor (Mt. 9:26). Ruega al Señor por la salvación de todos ellos, aun de los que nunca han visto su rostro (Col. 2:1). No se trata de un poder que tengamos para usarlo arbitrariamente, nada más apartado de la realidad. Solo es un asunto de orden. Nosotros somos sacerdotes de Dios y somos en ese sentido mediadores ante Él y los que aún no le conocen. Todas las cosas han sido puestas bajo sus pies, Él como cabeza universal, y esta autoridad es ejercida a través de la iglesia (Ef. 1:22).

Si Abraham hubiera seguido intercediendo por Sodoma, Dios, por la intercesión de Abraham, no la hubiera destruido. Si Abraham hubiera dicho: "Te ruego que no la destruyas, por amor a mí", Sodoma aún estuviera en pie.

Soy Sacerdote, un Embajador

"Y Jesús se acercó y les habló diciendo: Toda potestad me es dada en el cielo y en la tierra.[19] Por tanto, id, y haced discípulos a todas las naciones, bautizándolos en el nombre del Padre, y del Hijo, y del Espíritu Santo;" – Mateo 28:18-19.

Puesto que "todas las cosas que pertenecen a la vida y a la piedad nos han sido dadas por su divino poder, mediante el conocimiento de aquel que nos llamó por su gloria y excelencia," (2 P. 1:3), tenemos de Dios las armas y la autoridad para predicar el evangelio. Somos agentes del Señor para su gran proyecto de amor para el mundo (Jn. 3:16). Dijo Cristo que, puesto que toda potestad le había sido otorgada, sus discípulos podrían hacer el trabajo de la evangelización. Es como si un padre de familia dijera a su esposa e hijos: "me han dado el contrato de negocios por el que estaba peleando, ahora tengo trabajo para los próximos veinte años y ganaremos millones de dólares". ¿Qué pensaría su familia? Seguramente pensaría: "¡Gracias a Dios! ¡Ahora no tendremos problemas económicos por mucho tiempo!" Lo mismo ha sucedido con nosotros cuando dijo Cristo: "Toda potestad me ha sido dada en el cielo y en la tierra. Por tanto…"

El Señor quiere que todos los hombres y mujeres sean salvos, que todos sean sanos, que todos sean libres, que todos sean santos, que todos sean prósperos, que todos sean sabios e inteligentes… para eso Cristo murió, para eso Él pagó el precio de la cruz; para que dejemos de estar bajo la potestad de las tinieblas y gocemos de lo que Él ganó para nosotros. Nosotros somos los agentes de Dios para comunicar esa verdad. Somos los embajadores de Dios, somos los que estamos entre Dios y ellos para hacerlos entrar a la luz de Dios. "Y todo esto proviene de Dios, quien nos reconcilió consigo mismo por Cristo, y nos dio el ministerio de la reconciliación; que Dios estaba en Cristo reconciliando al mundo, no tomándoles en cuenta a los hombres sus pecados, y nos encargó a nosotros la palabra de la reconciliación" (2 Cor. 5:18-19).

Tenemos de Dios un hermoso privilegio sacerdotal. A nosotros – y no a los ángeles – nos ha encargado Dios la tarea de comunicar las buenas noticias de Él para el mundo: Que Cristo, como el Príncipe de Paz, ha reconciliado al mundo con Dios. Que no ha tomado en cuenta (o ha pasado por alto, Ro. 3:25) todos los pecados de la humanidad.

Nadie puede hacer este trabajo excepto sus embajadores, sus sacerdotes, los que Dios ha puesto como punto de contacto entre Cristo y los pecadores. Pues nosotros somos los que comunicamos al mundo que Dios ha perdonado a todos sus pecados. ¿Cuántos de tus pecados han sido perdonados? Podemos preguntar a uno que está fuera de la puerta al camino angosto. Y después, le comunicaremos las buenas noticias de que Dios ha perdonado todos sus pecados en Cristo.

Soy Sacerdote, publico a Cristo

"Más vosotros sois linaje escogido, real sacerdocio, nación santa, pueblo adquirido por Dios, para que anunciéis las virtudes de aquel que os llamó de las tinieblas a su luz admirable;" – 1 Pedro 2:9.

Lo que hago ahora mismo es parte del cumplimiento de mi ministerio sacerdotal. Al publicar este mini-manual de identidad en Cristo estoy anunciando las virtudes de Aquel que me llamó de las tinieblas a su luz admirable. ¡Hacer esto produce mucho gozo! Si usted está interesado en hacer lo mismo, por favor, hágalo, ¡publique un libro que exalte al Hijo de Dios! Uno que exalte las virtudes de Cristo Jesús, dígale al mundo de Él. En nuestros días es más sencillo publicar un libro que en el pasado, si tiene oportunidad empiece ahora mismo a trabajar en un libro que exalte al Rey de reyes. Si publica un libro no necesita ir en persona a muchos lugares, el libro irá por usted, y en su nombre dirá a otro las virtudes del Gran Señor que tenemos. Sin embargo, si acaso usted no tuviera la oportunidad de publicar un libro, pero tiene la capacidad del habla, usted puede cumplir su ministerio sacerdotal hablándole a otro de las virtudes de Cristo. "¿Me permites hablarte bien de una persona?" Esta pregunta interesaría a cualquiera. Muchas veces nos piden que lo hagamos y no tenemos necesidad de hacer esta pregunta, como en el caso de Felipe en Hechos 8. "Entonces Felipe, abriendo su boca, y comenzando desde esta escritura, le anunció el evangelio de Jesús" (Hechos 8:35).

Lo único que hizo Felipe es obedecer al mandato del Espíritu Santo cuando le ordenó, "acércate y júntate a ese carro". Dios hizo el resto, Felipe sólo abrió su boca y la verdad del evangelio empezó a fluir. Dice el Espíritu Santo: "Abre tu boca, que yo la llenaré" (Sal. 81:10). Dios llenará nuestra boca de palabras que subrayen las virtudes de Cristo. No debemos preocuparnos por el resultado de nuestro anuncio, tal y como los ángeles no se preocuparon por el anuncio del nacimiento de Jesús. Debemos relajarnos y alegrarnos en hacerlo, porque es nuestro gran privilegio. Somos sacerdotes de Dios y los únicos autorizados en hacerlo. El término real sacerdocio implica la combinación de dos de los oficios de Cristo: Rey y Sacerdote. En la proclamación de las buenas nuevas se combinan estas dos grandes identidades del cristiano. Rey, porque gobernamos el mundo como el linaje descendiente del Señor y sacerdotes porque estamos entre Él y los de afuera.

James Moffat, en su trabajo de traducción de la Biblia, publicada por primera vez en 1922; el cual, aunque en muchas partes no logra una traducción exacta, es aquí atinado al traducir: "Pero ustedes son la raza elegida, el real sacerdocio, la nación consagrada, la gente que le pertenece, la que puede proclamar los grandiosos hechos de Él, Aquel que nos llamó de las tinieblas a su maravillosa luz". Nosotros anunciamos al mundo todos los hechos de Cristo, lo que Él ha hecho y continúa haciendo entre los hombres y mujeres del mundo.

11 SOY ADMINISTRADOR

Cristo refirió varias parábolas en relación a la mayordomía. Aplicó estas parábolas a sus discípulos y por extensión a todos nosotros. En Lucas 16:1-15 el Señor Jesús habla acerca de un mayordomo infiel, y comienza a decir: "Había un hombre rico que tenía un mayordomo, y éste fue acusado ante él como disipador de sus bienes".

Un mayordomo es un administrador de bienes ajenos. Creo que a todos nos gusta poseer, parece que el hombre fuera creado para poseer, pero Dios, desde el principio lo ha llamado a administrar únicamente: "Hagamos al hombre a nuestra imagen, conforme a nuestra semejanza; y señoree, en los peces del mar, en las aves de los cielos, en las bestias, en toda la tierra, y en todo animal que se arrastra sobre la tierra" (Gn. 1:26). "Lo hiciste señorear sobre las obras de tus manos" (Sal. 8:6).

El dueño de toda la tierra es Dios y no podemos disponer de lo que no nos pertenece. Tampoco nos es permitido aplicar indebidamente los recursos del Señor. Vemos a José, tipo de Cristo (y extensivamente también nuestro). Que fue administrador de la tierra de Egipto. El Faraón lo puso sobre la tierra. "Dijo además Faraón a José: He aquí yo te he puesto sobre toda la tierra de Egipto" (Gn. 41:41). Por medio de José se administraba toda la riqueza y abundancia de los siete años prósperos. Venían así de toda la tierra para comprar alimento a Egipto (Gn. 41:57) y José era un administrador de excelencia. Fue tan excelente el trabajo de José que dice la Biblia: "Entonces compró José toda la tierra de Egipto para Faraón... y la tierra vino a ser de Faraón" (Gn. 47:20).

El trabajo principal que tenemos en esta tierra, el que hemos recibido del Señor, es administrar todo lo que es puesto bajo nuestra mayordomía. Y en este pasaje que mencionamos al principio, Cristo dice: "El que es fiel en lo muy poco, también en lo más es fiel; y el que en lo muy poco es injusto, también en lo más es injusto" (Lc. 16:10).

¿Qué es lo muy poco? Lo muy poco es lo de esta tierra, lo que hemos recibido aquí para administrar. Lo mucho es lo que administraremos cuando estemos con el Señor. Si no demostramos ser buenos administradores de lo muy poco de Dios tampoco podremos ser buenos administradores de lo mucho de Dios. "En lo poco fuiste fiel, en lo mucho te pondré" (Mt. 25:21).

La idea de la administración es aplicable a todo, pero mayormente a lo espiritual. Dios ha dado ministerios pastoriles a personas idóneas, pero en realidad, en algún sentido, todos los hijos e hijas de Dios somos <episkopos> supervisores o guardianes de los bienes del Señor.

Mencionaremos en este mini-manual de identidad en Cristo cuatro áreas principales: Soy administrador de lo espiritual; soy administrador del cuerpo de Cristo; soy administrador del tiempo; y soy administrador del dinero. Dios nos conceda, como José, como buenos administradores, que podamos comprar toda la tierra para nuestro Amo.

Soy Administrador de lo Espiritual de Dios

*"Ten cuidado de ti mismo y de la **doctrina**; persiste en ello, pues haciendo esto, te salvarás a ti mismo y a los que te oyeren."* – 1 Timoteo 4:16.

Antes de que las potestades celestiales supieran, Cristo dio a conocer los grandes misterios de lo espiritual a la iglesia. Tal como lo prometió: "y te daré los tesoros escondidos, y los secretos muy guardados," (Is. 45:3). Dios da a conocer cualquier cosa de importancia primero a la cabeza. Se dirigió a Adán para dar la orden de no comer del Árbol de la Ciencia del Bien y del Mal, su orden suprema a la humanidad en aquel entonces. En el matrimonio se dirigirá al varón, para todo asunto de mayor importancia en la familia. Informará al pastor de una congregación, al "ángel" de la iglesia...

Somos administradores de lo espiritual de Dios. Nadie que no tenga el Espíritu de Dios puede conocer de las cosas espirituales porque Dios ha depositado la administración de lo espiritual en manos de la iglesia. Dios nos ha concedido este honor y esta responsabilidad, "lo cual también hablamos, no con palabras enseñadas por sabiduría humana, sino con las que enseña el Espíritu, acomodando lo espiritual a lo espiritual" (1 Cor. 2:13).

Algunos psicólogos quieren hacernos pensar que conocen más que los hijos de Dios, que pueden entender lo espiritual. No le llaman espiritual, le llaman con los nombres que ellos han dado a demonios y a conductas pecaminosas, pero el hombre y mujer de Dios pueden acomodar lo espiritual a lo espiritual. Porque toda enseñanza de lo espiritual pertenece exclusivamente a la iglesia. Cristo dijo a la iglesia: "Id y haced discípulos a todas las naciones" (Mt. 28:19). "enseñándoles que guarden todas las cosas que os he mandado..."(Mt. 28:20).

Porque tenemos la administración de lo espiritual de Dios podemos suministrar la sabiduría de Dios en misterio. No dudo que algún conocimiento fuera de la palabra de Dios pueda ser se alguna manera útil para la humanidad, pero usted y yo somos administradores de lo espiritual de Dios, de un conocimiento infinitamente superior.

Somos administradores, no sólo de la doctrina, de la enseñanza del evangelio, sino de los dones del Espíritu. De aquello sobrenatural de Dios que se manifiesta a través de la iglesia para su propio fortalecimiento y testimonio a los perdidos (porque algunos dones son parte de las señales que Cristo dio que se dieran en la iglesia, Mc. 16:17). Satanás ha tratado de imitar los dones del Espíritu. Él quisiera administrar el poder, la palabra y el conocimiento de Dios por su propia cuenta, pero nunca sucederá tal cosa, Dios ha dado esta administración a la iglesia. Somos administradores de los dones que el Espíritu nos ha dado como Él quiso (1 Cor. 12:18).

Dios nos dice: "Cada uno según el don que ha recibido, minístrelo a los otros, como buenos administradores de la multiforme gracia de Dios" (1 P. 4:10). Somos administradores de la gracia de Dios, la *omniforma de* gracia de Dios, <poikilos> multitud de formas, diversidad basta. ¡Que privilegio!

Soy administrador del Cuerpo de Cristo

"¿No sabéis que vuestros cuerpos son miembros de Cristo?" – 1 Corintios 6:15

Dios ha hecho a cada uno de nosotros administradores de su cuerpo. El cuerpo de Cristo, como lo vemos expresado en las Escrituras, tiene dos significados. El primero tiene que ver con la iglesia. La iglesia es el cuerpo de Cristo. El segundo significado es nuestro cuerpo físico. Nuestro cuerpo físico no nos pertenece a nosotros, nuestro cuerpo es el cuerpo de Cristo.

La iglesia es lo más preciado que existe sobre la tierra, lo que Dios más ama fuera de Él mismo, hasta donde podemos entender. Dios se ama así mismo, Dios ama a Israel, pero Dios ama al Israel de Dios, lo que Cristo ganó con su propia sangre (Hechos 20:28). Cristo no murió por el pueblo Judío sino por las naciones, como es correctamente traducido. Y al morir, Cristo se constituye en la cabeza de la iglesia, y la iglesia en su cuerpo. Dice la Biblia:

"...Cristo es cabeza de la iglesia, la cual es su cuerpo, y él es su Salvador." (Ef. 5:23).

Dios nos ha puesto como administradores de su cuerpo. Dijo a Caín, "¿Dónde está tu hermano Abel?" "¿Soy yo acaso guarda de mi hermano?" La respuesta es sí. Sí somos guardas de nuestros hermanos. El Nuevo Testamento está lleno de versículos que hablan sobre este tema. El capítulo 12 de 1 Corintios lo revela claramente: La iglesia es el cuerpo de Cristo, y somos miembros los unos de los otros (como también dice Ro. 12:5), (para que) "los miembros todos se preocupen los unos por los otros" (1 Cor. 12:25). Somos "la nodriza que cuida con ternura a sus propios hijos" (1 Ts. 2:7). Procuramos entonces el cuerpo de Cristo que es la iglesia y nos alentamos, fortalecemos, trabajamos los unos por los otros y aun sufrimos: "Ahora me gozo en lo que padezco por vosotros, y cumplo en mi carne lo que falta de las aflicciones de Cristo por su cuerpo, que es la iglesia;" (Col 1:24). Somos administradores de su cuerpo.

Por el otro lado, el cuerpo de Cristo es también nuestro propio cuerpo físico como lo dicen las Escrituras: "porque somos miembros de su cuerpo, de su carne y de sus huesos" (Efe. 5:30). "¿O ignoráis que vuestro cuerpo es templo del Espíritu Santo, el cual está en vosotros, el cual tenéis de Dios, y que no sois vuestros?"(1 Cor. 6:19). Como también dice: "El cuerpo es de Cristo" (Col. 2:17).

Puesto que nuestro cuerpo es el cuerpo de Cristo, es nuestra responsabilidad administrar nuestro cuerpo sabiamente. He visto como siervos del Señor con ministerios poderosos de pronto caen enfermos o aún sufren colapsos en su salud por causa de no ser buenos administradores del cuerpo de Cristo. El Apóstol Pablo lo dice también: " Por lo cual hay muchos enfermos y debilitados entre vosotros, y muchos duermen" (1 Cor. 11:28-30). ¿Por qué? Porque no supieron discernir el cuerpo de Cristo.

Soy Administrador del tiempo

"Todo tiene su tiempo, y todo lo que se quiere debajo del cielo tiene su hora."– Eclesiastés 3:1.

"Baste ya el tiempo pasado para haber hecho lo que agrada a los gentiles, andando en lascivias, concupiscencias, embriagueces, orgías, disipación y abominables idolatrías" (1 P. 4:3). Por lo que ahora utilizamos nuestro tiempo para el Señor, "aprovechando bien el tiempo, porque los días son malos" (Ef. 5:16). (Andamos) "sabiamente con los de afuera, redimiendo el tiempo" (Col. 4:5). Porque la venida del Señor está cerca, y todos nuestros días declinan (Sal. 90:9), llegará un día que el Señor nos quitará el hálito, dejaremos de ser (en esta tierra) y volvemos al polvo (Sal. 104:29); porque "en su mano está el alma de todo viviente, Y el hálito de todo el género humano" (Job 12:10).

En la vida hay etapas, en la vida de Moisés, por ejemplo, podemos distinguir tres. La primera: su educación (tanto del Dios del cielo, como secular con los egipcios); segunda: El desierto (tiempo de soledad con Dios y preparación de su carácter); y, tercera: El ministerio. Todas ellas de 40 años cada una. Juan el bautista "estuvo en lugares desiertos hasta el día de su manifestación a Israel" (Lc. 1:80). "Jesús mismo, al comenzar su ministerio era como de treinta años" (Lc. 3:23).

Aun y cuando la etapa del ministerio en cada uno pueda ser distinta, o en algunos no haya nunca un llamado al ministerio de tiempo completo, todos en Cristo somos administradores del tiempo. No hay tiempo para malgastar pecando o disfrutando de placeres que no corresponden con la voluntad de Dios. No hay tiempo para jugar, para dar pruebas de error deliberado. Para intentos desganados condenados a la mediocridad o al fracaso. Israel hizo un intento desganado y descuidado al luchar contra Hai, y sufrieron una humillante derrota (Jos.7). La Biblia dice: "Maldito el que hiciere indolentemente la obra de Jehová," (Jer. 48:10). Aunque el

Señor Jesús nos ha librado de toda maldición, sabemos que somos administradores del tiempo y nos toca invertir toda nuestra concentración en lo que hacemos para el Señor. Tiempo-pensamiento, concentración, enfoque. Donde está tu tesoro, ahí también está tu corazón (Lc. 12:34). Tu corazón, tu pensamiento. La pérdida de tiempo empieza con el lugar donde está nuestro tesoro, cuando lo que juzgamos más valioso está descentrado de Cristo. Si para Franklin el tiempo es dinero, lo terrenal, efímero y baladí, para los hijos de Dios el tiempo se traduce en eternidad, en almas, en galardón eterno, en victorias contra Satanás, en conocimiento de Dios en el mundo. ¿Qué piensa usted? Me preguntó un joven, "¿se podrá considerar tal cosa pecaminosa?" (Hablaba de cierto asunto que me intimó). "Sólo quiero decir una cosa" –contesté– "si inviertes tu vida en Cristo, no te quedará tiempo para nada más, y esa es nuestra más grande inversión." ¿Qué puedo hacer para Cristo? Preguntó otro. "La oración da dirección, vigor y entendimiento. El Espíritu Santo guiaba los quehaceres de los primeros discípulos, lo hará contigo también."

Soy administrador de lo material de Dios

"Mía es la plata, y mío es el oro, dice Jehová de los ejércitos." – Hageo 2:8

Al avanzar en el entendimiento de que todo lo material que nuestros ojos ven le pertenece al Señor, también avanzamos en nuestro esmerado cuidado de lo suyo. Todo lo material que viene a nuestras manos no nos pertenece, le pertenece al Señor y nosotros únicamente somos sus administradores. La Biblia dice claramente que la plata y el oro le pertenecen al Señor, no a nosotros.

David entendió esto al expresar: "Pues todo es tuyo, y de lo recibido de tu mano te damos." (1 Cro. 29:14). Los primeros cristianos entendieron que todo es del Señor y lo regresaron liberalmente, sin reservas. "Así que no había entre ellos ningún necesitado; porque todos los que poseían heredades o casas, las vendían, y traían el precio de lo vendido," (Hch. 4:34).

Muchos cristianos hoy tienen la disciplina de traer el diez por ciento de sus ganancias a la iglesia, otros damos más de eso, pero los primeros cristianos aprendieron que darlo todo al Señor es lo correcto, lo que trae mayor felicidad. En el sentido estricto nosotros somos administradores de todo lo material, una parte pondremos a los pies de nuestros líderes en la iglesia, otra parte la destinaremos al sostenimiento de nuestros hogares, otra la destinaremos a la caridad; otra a las misiones. Otra para nuestro propio sustento si es necesario, pero es maravilloso ser un buen administrador de la plata y el oro del Señor.

La viuda eligió ser feliz al dar todo su sustento para la obra de Dios. Lo hizo porque confió en el sostenimiento divino. Jesús la vio. Ella no se conformó con dar el diez por ciento, sino dio "todo lo que tenía, todo su sustento" (Mc. 12:44); era administradora sólo de su propio sustento. Algunos cristianos dan conforme a sus fuerzas. Otros, exceden eso, dan "más allá de sus fuerzas" (2 Cor. 8:3). Aunque Dios no nos pide nada, damos porque somos libres, vivimos bajo la gracia; porque es nuestro gozo, es nuestro privilegio, nuestra porción en la tierra. Quien da es porque tiene, porque es libre. Nosotros disfrutamos de esa libertad.

Dice la Biblia que el que no provee para los de su casa es peor que un incrédulo (1 Ti. 5:8), también dice que se debe mantener a los ministros del evangelio (1Cor. 9:9; 1 Ti. 5:18); que no nos olvidemos de los pobres (Gal. 2:2; Sal. 112:19); que compartamos para las necesidades de los santos (Ro. 12:13). Nosotros somos sabios en la administración de los recursos, y asignaremos todo de acuerdo a la dirección del Señor. Un buen administrador jamás asignará recursos a lujos innecesarios ni derrochará recursos sólo por pereza o negligencia; mientras lo hacemos nos acordamos de las palabras del Señor Jesús: "Mas bienaventurado es dar que recibir" (Hch. 20:25). Cristo dijo que aquel que da más (en proporción a lo que administra, 1 Cor.16:2), es más feliz. Los de afuera piensan al revés, pero están totalmente equivocados.

12 SOY VENCEDOR

Cristo ha comprado para nosotros una vida victoriosa. No es que tengamos que luchar nuestra victoria, sino que ya Cristo la ganó por nosotros en la Cruz. Si tan sólo pudiéramos darnos cuenta de toda la victoria que Cristo ha ganado por nosotros, nuestras vidas serían transformadas.

"*Sí, la Biblia dice eso*" – me dijo uno una vez – "*pero parece que eso no se aplica a mi vida*". Mentira del diablo. Nuestra vida en Cristo es una vida victoriosa y eso va para todos los hijos e hijas de Dios. Sin embargo, si alguno no entiende que la vida de victoria está en creer, aceptar, vivir en concordancia a la Palabra, actuar, etc., el tal está perdiendo el tiempo, vive en derrota. Cuando recibimos un cheque con la firma legítima de Bill Gates tomaremos acciones sólo creyendo que ese dinero es nuestro, aún sin haber cambiado el cheque en efectivo. Para que veamos los milagros de Cristo, primero Cristo quiere ver la *evidencia* de nuestra fe (Mc. 2:1-5). Si queremos que la gente diga: "nunca hemos visto cosas semejantes", Dios quiere ver acciones de fe basadas en su palabra también nunca vistas; ésta es la firma del cheque de las promesas de Dios.

"*¿Eso quiere decir que vamos a tener todo el tiempo la victoria?*" La respuesta es sí. David iba a las batallas solo confiando que Dios estaba con él, "y Jehová dio la victoria a David por dondequiera que fue" (2 Sam. 8:6). No hubo una sola batalla en que David fuera derrotado.

Existe una lucha, la lucha de nuestra fe, la prueba de nuestra fe (Stg. 1:3: 1 P 1:7). Esto es cuando el enemigo tratará de arrebatarnos lo nuestro. Pero si confiamos plenamente en el Señor, nosotros siempre saldremos victoriosos, tan sólo porque está escrito que nosotros somos vencedores en Cristo. Aún así, si un cristiano se conforma a secularizar su cristianismo, si se conforma con la miseria del sincretismo de su fe cristiana con la incredulidad de los impíos, vivirá una vida derrotada. Si no queremos luchar valerosamente por mantener nuestra fe sino que hacemos "pactos de paz" con el enemigo, nos convertiremos en sus vasallos. ¡Nunca tal suceda! Porque nosotros nos levantamos para luchar contra ideas contrarias, enfermedades, críticas, rechazos, menosprecios... "hasta ahora padecemos hambre, tenemos sed, estamos desnudos, somos abofeteados, y no tenemos morada fija. Nos fatigamos trabajando con nuestras manos; nos maldicen, y bendecimos; padecemos persecución, y la soportamos. Nos difaman, y rogamos; hemos venido a ser ahora como la escoria del mundo, el desecho de todos." (1 Cor. 4:11-13). Otros pasajes también nos hablan de las grandes luchas que Pablo y sus colaboradores tuvieron, sin embargo también dice: "Mas a Dios gracias, el cual nos lleva **siempre** en triunfo en Cristo Jesús" (2 Cor. 2:14). Pablo siempre tuvo triunfo.

En las últimas ideas de este capítulo veremos algunos de los ámbitos principales de esta victoria en Cristo y confirmaremos una y otra vez que nosotros somos más que vencedores en Cristo Jesús.

Soy vencedor sobre la carne

"Sabiendo esto, que nuestro viejo hombre fue crucificado juntamente con él, para que el cuerpo del pecado sea destruido, a fin de que no sirvamos más al pecado... No reine, pues, el pecado en vuestro cuerpo mortal, de modo que lo obedezcáis en sus concupis-

cencias; ni tampoco presentéis vuestros miembros al pecado como instrumentos de iniquidad, sino presentaos vosotros mismos a Dios como vivos de entre los muertos, y vuestros miembros a Dios como instrumentos de justicia. Porque el pecado no se enseñoreará de vosotros; pues no estáis bajo la ley, sino bajo la gracia." – Romanos 6:6,12-14.

"D.L. Moody es mi peor enemigo" Esto lo dijo D.L. Moody. Ya que la carne es la tendencia pecaminosa a hacer lo contrario a la ley de Dios, Cristo la crucificó juntamente con Él en la cruz, a fin de que vivamos para Él y no seamos esclavos del pecado. El cuerpo de pecado ha sido destruido, aquel hombre (o mujer) que estaba habituado a pecar. Por lo tanto, no reina ni señorea el pecado en nosotros. Porque antes, estábamos para cumplir "los deseos de nuestra carne, haciendo la voluntad de la carne y de los pensamientos" (Ef. 2:3); pero ahora vivimos para Cristo. Nos consideramos muertos para el pecado y por ello somos victoriosos contra nuestro peor enemigo, que somos nosotros mismos.

No es que hayamos erradicado esa naturaleza, sino que está ahí crucificada; aunque su muerte completa será el día que estemos por siempre en la presencia del Señor, en estos momentos está cauterizada, neutralizada, sin acción y efecto en nosotros por causa de la obra consumada de Cristo en la cruz y del poder del Espíritu Santo. Los miembros de nuestro cuerpo son herramientas de Dios para hacer justicia. Mientras que el cuerpo del viejo hombre era utilizado para el pecado, ahora Otro es el que vive; mientras que el primero ha sido hecho inefectivo e inactivo, es viejo y próximo a desaparecer; el nuevo, que es Cristo mismo, vive y se mantiene nuevo cada día (1 Cor. 4:15).

Cada vez que tengamos frente lo que antes fue una tentación recordarnos a nosotros mismos que estamos muertos, que somos victoriosos sobre la carne. Los pesimistas dicen toda sarta de mentiras basados en sus sentidos, se consideran realistas y siguen lo que satanás les susurra al oído, pero nosotros creemos en una realidad superior: la poderosa palabra de Dios. Dios dice que somos vencedores, eso es lo que somos.

"Velad y orad para que no entréis en tentación" (Mt. 26:41). Las buenas noticias son: nos mantenemos en la victoria sobre la carne al permanecer en comunión consiente y viva con Cristo. Porque "ya no vivo yo, más vive Cristo en mí" (Gal. 2:20).

Dios aborrece el pecado. Tan detestable es que el mismo Padre se negó a ver a Cristo, su Hijo amado, cuando Él se hizo pecado por nosotros (2 Cor. 5:21). Nosotros vamos a la cruz cada vez que la carne nos tienta, entonces nos sujetamos al Señor y le damos todo nuestro desprecio a todo aquello que ofende a nuestro amado Señor.

Cristo nos puso bajo la gracia ("la gracia y la verdad vinieron por medio de Jesucristo," Jn. 1:17). Cristo venció por nosotros, y nos ha regalado esa victoria. Somos olor fragante ante Dios, por causa de Cristo ("De Cristo estáis revestidos", Gal. 3:27). Así es como oramos, declarando, dando gracias y dando por hecho lo que Dios ha dicho que hemos recibido en Cristo: una victoria total sobre la carne en Cristo.

Soy vencedor sobre el mundo

"Estas cosas os he hablado para que en mí tengáis paz. En el mundo tendréis aflicción; pero confiad, yo he vencido al mundo." – Juan 16:33

Es natural que tengamos aflicción en el mundo, tanto como tiene aflicción un pez fuera del agua, como una lombriz en el desierto, o un mono en el Ártico. No somos del mundo, no pertenecemos al sistema. Corremos con un traje que no nos queda, unos zapatos que no son nuestra horma. Puesto que el sistema del mundo está en contra de la palabra de Dios, y no se sujeta a ella, nosotros también sufrimos por ello. Pero tenemos en Cristo paz, la paz de la victoria.

Dice Cristo: "Yo les he dado tu palabra; y el mundo los aborreció, porque no son del mundo, como tampoco yo Soy del mundo." (Jn. 17:14). Cierto; nos aborrecen, nos quisieran vomitar y extirparnos de la tierra. ¿Por qué? Por no dejar que arrebaten nuestra fe en la palabra de Dios, por no adaptarnos a sus estadísticas y datos nefastos. Por ser quienes pelean y vencen contra el sistema del mundo. Sus modas, sus tragedias, sus lágrimas, sus vicios, sus ataduras cotidianas. Sus vanidades y engaños, sus hipocresías y falsedades. Nosotros creemos en lo que la Biblia dice, no en las estadísticas, ni en las experiencias personales; ni siquiera en lo que ocurre a otros que se les considera cristianos (sean sinceros o no). No somos vencidos por la incredulidad arrastrante del mundo, ni llevados por las luces brillantes de los placeres, ni de las filosofías hoy imperantes.

Nuestras ideas no tratan de "armonizar" con un mundo que muda, ni nuestro mensaje tiene "un sabor contemporáneo"; auténticamente somos quienes contrarrestan al sistema del mundo y no están muchas veces de acuerdo con lo "políticamente correcto". Somos aquellos que luchamos contra todo aquello que aparta nuestra atención de Cristo Jesús y su palabra. Muchas veces en contra de la cultura; muchas veces en contra de lo que se enseña en las universidades y sistemas de escuelas públicas; muchas veces en contra de leyes dictadas por los gobiernos. Muchas veces llamados locos e inadaptados sociales, ignorantes o socialmente torpes. Hemos decidido conformarnos con las sanas palabras de Cristo y lo literalmente escrito en la Biblia. Aquello que ha sido enseñado por la línea de grana punteada por hombres y mujeres humildes (pero felices) que han seguido al Cordero donde quiera que va desde que Él anduvo sobre la tierra y hasta hoy. Somos esa generación que continúa pasando la llama de la verdad y que no se traga lo que un doctor en cualquier cosa diga, ni en lo que un elocuente vendedor de ideas predique. Se trata de hablar como Cristo habla y hacer lo que Él hace. Al vivir vencemos, al hablar sometemos al mundo.

Nuestro pensamiento es real, vibrante y poderoso; porque Él nos ha dado su palabra y la palabra del Padre y nosotros la hemos creído... con todo el corazón.

Soy vencedor sobre Satanás

"Hijitos, vosotros sois de Dios, y los habéis vencido; porque mayor es el que está en vosotros, que el que está en el mundo." – 1 Juan 4:4

Ed Murphy cuenta la anécdota del Dr. Petros Octavianus cuyo obrador de milagros satánicos, famoso en Indonesia retó para demostrar presuntuosamente su "poder superior". Éste citó al hombre de Dios en cierto lugar espacioso para desafiarle públicamente. Sobresaltado por tan extraño reto, el siervo de Dios, al orar sobre el asunto, pudo escuchar la voz del Amo en los cielos diciéndole que asistiera confiadamente a la convocación. Luego, estando los dos frente a frente y ante una multitud de personas, el hombre de milagros engañosos lanzó un conjuro sobre un inocente perro que allí husmeaba. El animal cayó muerto al instante. La multitud entonces hizo voces de asombro. Ahora el turno tocaba al hombre de Dios. Entonces él, en un ademán vigoroso, irrumpió en un grito ensordecedor: "¡En el nombre de Jesucristo, sal demonio, te lo ordeno, vete ahora mismo!" De inmediato el brujo cayó al piso como muerto. Luego abrió los ojos llenos de lágrimas, y apenas pudiendo hablar, entre sollozos, aceptó a Jesucristo como su salvador personal.

Ese es el poder que nosotros tenemos en Cristo. En el Antiguo Testamento no se mencionan confrontaciones del poder de Dios con los demonios. Este fue un concepto totalmente nuevo para la humanidad revelado por el Hijo de Dios. Apenas si quince veces se menciona a Satanás en el Antiguo Testamento y apenas si cuatro veces la palabra "demonio". Pero Cristo desenmascaró las obras de las tinieblas y a sus autores. Todo el reino de las Tinieblas quedó en evidencia: "anulando el acta de los decretos que había contra nosotros, que nos era contraria, quitándola de en medio y clavándola en la cruz,[15] y despojando a los principados y a las potestades, los exhibió públicamente, triunfando sobre ellos en la cruz" (Col. 2:14-16).

Los demonios no tienen derecho legal para poseer un cuerpo humano, por ello los hijos de Dios, con los decretos del Todopoderoso en su boca, les echan fuera. Esa es la autoridad que Dios nos ha dado y que se ejercer por la fe.

Nosotros sabemos ahora que tenemos una lucha supradimensional contra el reino de las tinieblas. También sabemos que el maligno no puede tocar a los hijos de Dios: "Sabemos que todo aquel que ha nacido de Dios, no practica el pecado, pues Aquel que fue engendrado por Dios le guarda, y el maligno no le toca" (1 Jn. 5:18). Es decir, Dios guarda la santidad y protege la salud de sus escogidos. El enemigo quiere que pequemos y enfermemos, pero no puede (hasta que nosotros se lo permitamos). Entonces, al verse frustrado, nos persigue y aflige; sabe que Dios no le ha dado permiso para tocar nuestra vida espiritual ni nuestro cuerpo físico con la enfermedad que él produce; pero sí que Cristo dijo habría persecución (Lc. 21:12, etc.). Por ello en ocasiones logra el permiso de Dios para torturarnos y afligirnos con asiduo acoso. Dios permite que seamos perseguidos por el evangelio a fin de proveernos un más excelente y eterno peso de gloria: "Porque esta leve tribulación momentánea produce en nosotros un cada vez más excelente y eterno peso de gloria" (2 Cor. 4:17); sin embargo, debemos saber que el diablo no tiene derecho para enfermar ni para hacer pecar a los hijos de Dios. Por eso luchamos día a día contra el pecado y la enfermedad, ambas cosas producidas por nuestros enemigos espirituales; y en esa lucha siempre somos victoriosos.

"*Dios le dio permiso a Satanás para enfermar a Job*" – me dijo uno – "*Job no tuvo una Escritura que decía: 'por sus llagas fuimos nosotros curados*" le contesté. Job no tuvo la revelación temprana de Jehová-Raphá, el medico sempiterno Jesucristo. Si la hubiera tenido, el enemigo tampoco hubiera podido enfermarlo. Aun con todo, luego que los ojos de Job vieran su Redentor vivo

(Job 19:25; 42:5) y su corazón siguiera Su ejemplo perdonador (Job 42:10), este sobresaliente hombre de Dios fue totalmente sanado; dando así el Señor a entender del poder que nos sería entregado por Jesucristo, el Redentor de nuestro cuerpo, el cual Él compró con su propia sangre (1 Cor. 6:20).

El diablo logra a veces estorbarnos (1 Ts. 2:18) y de vez en cuando atrasar las bendiciones del Señor (Dn. 10:11-13), esto es verdad, aunque no nos conformaremos con esa posibilidad. También tenemos ataque en nuestra mente, cuando Satanás lanza sus argumentos sin sustento bíblico (aunque en ocasiones aparenten tener, como en el caso de la tentación de Cristo) esto para tratar de nulificar nuestra fe. Pero es un perdedor, porque Dios ha dado autoridad a la iglesia para vencerle una y otra vez (Mc. 3;15; Lc. 9:1). Sin embargo, si no ejercemos esa autoridad, el enemigo puede hasta matarnos. Por eso jamás nos descuidamos ni nos confiamos.

No somos de los que nos intimidamos ante la fiereza del que anda como león rugiente buscando a quien devorar, sino nos armamos de Dios, de su palabra y actuamos basados en ella. Es por eso que somos vencedores contra nuestros enemigos espirituales. Cristo está en mí, y mayor es el que está en mí, que el que está en el mundo. En Jesucristo de Nazaret soy vencedor sobre Satanás y todo el reino de las tinieblas.

Soy vencedor sobre los tiempos

"Ahora, pues, ninguna condenación hay para los que están en Cristo Jesús, los que no andan conforme a la carne, sino conforme al Espíritu." – Romanos 8:1

Al decir que somos vencedores sobre los tiempos me refiero a que en Cristo nuestro pasado no puede alcanzarnos; ni tenemos incertidumbre por lo que vivimos ahora; ni temores nos asaltan con respecto al futuro. Cuando el Señor dice que no hay condenación para los hijos de Dios que andan conforme al Espíritu está diciendo que todo nuestro record ha sido borrado y que no somos culpables de nada. Está diciendo que no sólo nuestros pecados pasados han sido perdonados sino también los futuros; "la sangre de Jesucristo, su Hijo nos limpia de todo pecado". Por lo tanto nuestra cuenta ha sido saldada y mientras permanezcamos en Cristo, nuestros pecados son perdonados continuamente. Las acciones del pasado no pueden alcanzarnos.

Los males hereditarios no alcanzan a los hijos de Dios, ni las enfermedades congénitas ni los malos hábitos de nuestros antepasados. No existe base bíblica para las maldiciones generacionales a la luz del sacrificio perfecto que Cristo hizo en la cruz, cuando nosotros hemos hecho nuestro ese sacrificio y recibido el regalo de la vida eterna. Todo está consumado, no resta <liberarnos de nuestro pasado> mediante la sangre de su cruz ya hemos sido hechos libres.

Sabemos que satanás es un mentiroso y desea que continuemos viviendo en temor. Pero nosotros le escupimos en su cara las palabras del Señor, que no hay ninguna condenación para los que estamos en Cristo.

Nuestro futuro está intacto en las manos del Señor. Al vivir en el reino de la fe, al tener en vigencia nuestro sentido espiritual de fe, mantenemos encendido de la misma manera el botón de la esperanza (Gal 5.5). El justo por la fe vivirá (la fe hace vivir al justo, al que es salvo; la fe es la energía que le hace vivir), por lo que si queremos vivir necesitamos necesariamente mantenernos creyendo la palabra de Dios. Y si creemos la palabra de Dios con acciones que lo demuestran, recibimos de Dios la esperanza de la venida inminente de Cristo, la esperanza de la resurrección y de un cuerpo glorificado semejante al del Señor Jesús. No es un futuro incierto sino un futuro garantizado en las manos de Dios.

Sin embargo, todo cristiano entiende que hay una distinción entre lo que ya se nos ha otorgado en Cristo, en primer lugar; lo que se nos ha prometido en Cristo para el tiempo presente en segundo lugar. Y lo que se nos ha prometido para el futuro. Esto último se logra por la esperanza mientras que lo primero y segundo por la fe. Básicamente lo que tenemos prometido para el futuro es: el regreso de nuestro Señor Jesucristo por nosotros (Tit. 2:13); la vida eterna sin posibilidad de muerte (Tit. 1:2); nuestra resurrección (1 Ts 4:13-16, Hch 23:6) y la glorificación de nuestro cuerpo en uno semejante al de Jesús (Col. 1:27, Fil. 3:21).

Por lo tanto, la obra completa y terminada de Cristo en el Calvario nos dan la garantía de que nuestros pecados han sido perdonados (tanto pasados como futuros); que el pasado no puede alcanzarnos, que los errores de otros en el pasado tampcco. De la misma manera las profecías del diablo no pueden hacerse realidad (aunque parezcan muy científicas)... porque vivimos en la fe de Cristo, nuestra fe nos hace vivir un presente de victoria y la esperanza nos da la garantía de un futuro glorioso.

Somos victoriosos sobre nuestro pasado, sobre nuestro presente y sobre nuestro futuro. ¡Gloria al Señor!

CONCLUSION Y NOTAS FINALES

Josué y Caleb fueron los únicos de entre el pueblo que creyeron al Señor cuando dijo que la tierra prometida era suya. Y aunque en ese momento ellos no estaban palpando las viñas y olivares en su posesión, su espíritu (Num.14:24), su actitud y su confesión valiente de fe, en oposición a toda la congregación, los llevó a ver con sus ojos lo que habían ya contemplado por la fe. Imaginemos la escena. Caleb, Josué y Moisés de un lado; Aarón, posiblemente Miriam y sus respectivos hijos por otro (los políticamente de acuerdo con Moisés) y finalmente todo el resto de miles de personas en contra. Lo mismo sucede en nuestros días.

El espíritu del mundo es uno que vive en los sentidos humanos, pero nosotros, por el Espíritu Santo sabemos lo que Dios (ya) nos ha concedido (1 Cor. 2:12). Damos por hecho lo que Dios ha dicho que somos y que tenemos en Cristo, tan simple porque así es, esa es una razón simple, la ley de la autoridad. El presidente de una nación tiene mayor autoridad que el gobernador de un estado. Así mismo la palabra de Dios tiene mayor autoridad que los sentidos físicos.

Es hora que empecemos a orar dando gracias por lo que el Señor ya nos ha concedido por Jesucristo. Por lo que somos en Él, pues su palabra es más poderosa que nuestros sentidos. Los sentidos naturales fallan, aun nuestros ojos físicos nos hacen creer lo que no existe. Hay algunos que se dedican a hacer shows de ilusionismo, demostrando que el sentido de la vista es falible. El sentido de la fe en Dios es infalible cuando se basa en la palabra de Dios.

El pueblo de Israel en el desierto no comprendió las maravillas de Dios (Sal. 106:7). Aunque el Señor les había dado ya la tierra, ellos no quisieron vivir en esa bendición (Ez. 20:15), sino creyeron más a satanás que al Dios vivo. Pero nosotros juzgamos con justicia (Is. 11: 3-4) y no juzgamos basados en lo que ven nuestros ojos o escuchan nuestros oídos, juzgamos conforme a todo lo que el Señor nos ha dicho, ¡Esto es precisamente el significado de juzgar justamente!

Es hora de que confesemos lo que somos y tenemos en Cristo, lo que Él mismo ha declarado acerca de nuestra identidad, porque así como la salvación se alcanza confesando a Jesucristo como Salvador y Señor (la confesión de que somos salvos) así declaramos el resto del evangelio, lo que somos una vez que hemos entrado por la puerta que es Él mismo. Nuestras palabras y obras declaran lo que hemos creído con nuestro corazón. Tal como los cielos declaran la gloria de Dios (Sal. 19:1), así nuestras acciones de fe declaran lo que nuestro corazón ha creído. Y Cristo, como sumo sacerdote de nuestra confesión o profesión (misma palabra griega, Heb. 3:1), lleva nuestra confesión al Padre para que sea materializado lo que hemos confesado al basarnos en su palabra, es decir, su voluntad. Cristo se encargará de que suceda. Nos toca decir a nuestra alma entonces como Nohemí dijo a Rut: "Espérate, hija mía, hasta que sepas cómo se resuelve el asunto; porque aquel hombre no descansará hasta que concluya el asunto hoy." (Rut 3:18). Cristo es "Aquel Hombre".

Lo que hemos escuchado que somos en Él (lo escrito en su palabra) eso es lo que creemos. Nuestro creer nos obliga a actuar en concordancia a ello.

Estamos completos en Cristo (Col. 2:10), y no nos falta nada. Somos salvos, hemos alcanzado la vida eterna, somos ciudadanos de la Nueva Jerusalén, perdonados totalmente. Hermanos míos, somos sanos, Cristo envió su palabra y nos ha sanado (Sal. 107:20) nos ha librado de la ruina de la enfermedad, pues Cristo mismo es nuestro Médico sempiterno y nuestro cuerpo es Su cuerpo. Su voluntad fue sanarnos y por ello la provisión de sanidad lograda por sus llagas. Por otro lado nosotros somos santos, Dios lo dice, nos ha hecho de su propiedad exclusiva y nos ha ungido con la misma unción de Cristo (1 Jn. 2:20), hoy estamos muertos al pecado y hemos crucificado la carne con sus pasiones y deseos. Somos libres porque hemos decidido vivir contentos con lo que tenemos ahora, y no hacernos esclavos de los hombres. Dios nos ha dado el poder para vivir una vida sin deudas. Nos ha garantizado que no nos faltará nada y esto es tan real como no les falta nada a los pajarillos. Somos fuertes porque hemos puesto en Él nuestras fuerzas, tenemos las fuerzas del búfalo, fuerzas multiplicadas y aún en la vejez estamos llenos de fortaleza espiritual, mental y física. Nuestros hijos tienen la doble garantía de ser poderosos en la tierra (Sal. 112:1-2). Ellos son poderosos en la tierra por causa de Cristo y de nosotros. Somos inteligentes según Dios, Él lo ha decretado sobre nosotros. Nuestra inteligencia es integral y más valiosa que el oro, pues Dios ha puesto en nosotros un espíritu superior y aún diez veces mayor que el de aquellos que no le conocen. Somos sabios, más que nuestros enseñadores, más que nuestros enemigos. Somos reyes y reinas porque servimos, sabemos la manera de ascender en el reino de Dios, y sabemos valorar el sufrimiento por el precioso nombre de Cristo y por la justicia. Somos herederos de Dios, coherederos con Cristo. Herederos de la salvación, Dios nos ha dado por Cristo la dignidad de hijos, y hemos tomado toda la herencia de la palabra de Dios debido a la muerte del Testador: Jesucristo mismo. Somos sacerdotes de Dios, sus ministros, sus mediadores, sus embajadores, los encomendados de publicar al Señor en la tierra. Somos administradores de la doctrina, de lo espiritual, del cuerpo de Cristo (la iglesia y nuestro propio cuerpo físico), también administramos el tiempo de Dios y el dinero de Dios. Por último somos vencedores. Hemos vencido la carne, hemos vencido el mundo, hemos vencido a satanás, todo en el nombre poderoso de Cristo Jesús de Nazaret. Somos victoriosos sobre nuestro pasado, presente y futuro. Cada una de estas declaraciones tiene el sustento de la poderosa e invencible palabra de Dios, lo que hemos repasado brevemente en este mini-manual de identidad en Cristo.

De ninguna manera esto es todo, no. Se puede decir que esto

es apenas una parte de la naturaleza hermosa de esta nueva creación en Cristo Jesús. "Somos hechura suya..." (Ef. 2:10), creados en Cristo Jesús. Las obras que hacemos son sólo consecuencia de esta nueva identidad.

Confesamos, actuamos, vivimos, dominamos, poseemos, nos apropiamos de lo que somos en Cristo Jesús. "... mas el pueblo que conoce a su Dios se esforzará y actuará" (Dn. 11:32). Nosotros hemos conocido a Dios manifestando lo que somos, por ello nos esforzamos y actuamos como Él espera. Jamás menos que eso.

www.ingramcontent.com/pod-product-compliance
Lightning Source LLC
Chambersburg PA
CBHW030603020526
44112CB00048B/1188